曹文轩文学课

▼

小豆村

曹文轩 著
孙海燕 洪斌 点评

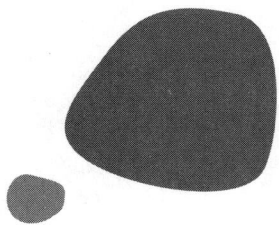

SPM
南方出版传媒
新世纪出版社
·广州·

图书在版编目（CIP）数据

曹文轩文学课. 小豆村 / 曹文轩著；孙海燕，洪斌点评. —广州：新世纪出版社，2021.2

ISBN 978-7-5583-2555-7

Ⅰ. ①曹… Ⅱ. ①曹… ②孙… ③洪… Ⅲ. ①阅读课—小学—课外读物 Ⅳ. ①G624.233

中国版本图书馆CIP数据核字（2020）第200909号

曹文轩文学课

小豆村

CAO WENXUAN WENXUEKE XIAODOUCUN

曹文轩 著 孙海燕 洪斌 点评

出版发行：新世纪出版社
（广州市大沙头四马路10号）

经　　销：全国新华书店
印　　刷：东莞市翔盈印务有限公司
（东莞市东城区莞龙路柏洲边路段）
规　　格：787 毫米 × 1092 毫米
开　　本：16
印　　张：12.75
字　　数：210千字
版　　次：2021年2月第1版
印　　次：2021年2月第1次印刷
定　　价：28.00元

质量监督电话：020-83797655　购书咨询电话：020-83781537

目录

contents

▼

第一章

导 读:

1．尿床给明子带来怎样的影响?

2．作者为什么说明子会感谢苦难?

3．三和尚为什么喜欢唱淮剧中的悲调?

一

小说开头写明子梦中着急上厕所的情景，特别有真实感。熟悉的体验、平易的语调，不会让读者感到隔阂，而恰到好处的神秘也更能吸引读者。

明子觉得自己被一泡尿憋得慌，便去找厕所。他很容易就找到了，但那个厕所总是朦朦胧胧的。他好像从没有见过这个厕所。他有点犹豫不决。他想让自己拿定主意，可头脑模模糊糊的，生不出清醒的意识来。尿越来越憋人，小腹一阵阵刺痛，伴随着的还有一种麻酥酥的感觉。他搞不清楚自己的这泡尿是撒呢还是不撒。他觉察到自己的身体很沉重，仿佛被捆绑了似的。他想挣扎，可意念似乎又不特别清楚。一会儿，这些感觉又慢慢地消失了……

这是深夜时分。

写秋风和凉意的文字比比皆是，而将秋风化为具象的"流浪者"则不多见——不仅写出了秋风飘摇徘徊的样子，还暗合了深夜的孤寂。

城市在酣睡中。秋风好像无家可归的流浪者，在无人的大街上游荡着。夜真是寂寞。发蓝的灯光毫无生气，疲惫地照着光溜溜的大街。秋风摇着梧桐树，于是大街上就有斑驳的影子在晃动，像是一个灰色的梦。偶尔有几片枯叶离了偎依了好几个月的枝头，很惶惑地在灯光下晃动着。其情形，像一片薄玻璃片扔进水中，在水中忽左忽右地飘忽着下沉，不时地闪出一道微弱的亮光。它们终于落到地上的枯叶里。当风大了些的时候，这些枯叶就顺着马路牙子往前滚动，发出干燥而单调的声音，把秋夜的静衬得让人感到寒丝丝的。

仿佛在极遥远的地方，传来一声火车的汽笛声。

这里有一座高大而古老的天主教教堂。教堂顶上，那个十字架在反射到天空中的半明半暗的灯光中，显得既哀伤，又庄严神圣。在深邃的夜空下，这个凝然不动的简洁的符号，还显出一派难言的神秘和威慑力量。

在教堂的背后，沉浮在夜色中的，是一座座高大的现代化建筑。它们的高大，使人有一种渺小感和一种恐慌感。它们是在仅仅几年的时间里面，令人吃惊地矗立在人们的视野里的。它们把辽阔无垠的空间变得具体了，也使空间变得狭小了。它们使人无法回避。但这个城市里的人，并不都知道，这些建筑在白天或是在黑夜，到底是用来干什么的。它们的不断凸现，并没有给他们带来什么变化，仿佛它们是属于另外一些对他们来说十分陌生、永不可沟通的人的。

与教堂的神圣以及这些建筑的高大形成一个极大的反差，明子他们师徒三人所栖身的小窝棚，在这夜色中，就显得十分猥琐和矮小了。

小窝棚搭在距教堂不远的一座大楼后墙下的一片杂树林里，是他们用从建筑工地的废墟上捡来的木头、油毡和从垃圾堆里捡来的塑料薄膜以及纸箱板等搭成的。白天，当明亮的阳光把大楼照得更加华贵时，它看上去，就像是一大堆垃圾。

他们来到这个城市已经半年多了。至今，明子对这座城市还是没有一点熟悉的感觉。他觉得这个他生活于其中的世界，是遥远的，陌生的，永不可到达的。城市对他来说，是永不可解释、永不可捉摸的，是可望而不可即的。

▶ 作者并非直接描写窝棚，而是运用了对比手法。在高大华贵的建筑物前，窝棚的矮小与破旧顿时凸现出来。寥寥数语，两次对比，却形成了极具冲击力的视觉画面。

有时，他隐隐地还感到了一种恐怖感和一种令人难受的压抑和悲哀。他在小豆村生活了十六个年头，很少想到在两千多里地以外还有这样一个世界。他原以为，世界本没有多大。**他六七岁时，甚至认为，这个世界除了小豆村，只还有一处地方，离小豆村大概要走一天一夜的路程。世界就这么大。**当半年前，他和师傅、师兄又坐汽车又坐火车地行了两天两夜，被抛到这座城市时，一方面他感到惊奇和激动，一方面又感到晕眩和紧张。这个在小豆村机灵无比的孩子，常常显得局促不安、愚蠢可笑。他有了一种前所未有的卑下心理。当他很呆笨地站在大街上，或呆头呆脑地混在人流中时，本来就生得瘦小的他，就觉得自己更加瘦小了。**那种隐隐约约却紧追不舍的自卑感，一阵一阵地袭击着他的心灵。**

他常常想念那个平原上的贫穷不堪但让他感到自足的小村子。

但回去是不可能的。他们必须生活在这个并不属于他们的世界。

夜在一寸一寸地缩短。

明子又觉到了尿憋人。他又朦朦胧胧地见到了厕所。这回来不及再考虑了。当厕所的形象一出现，几乎就是在同时，尿就又急又冲地奔流出来了。尿热乎乎地从身体下部的一条渠道流动着，又把一种微痛但很舒服的感觉散布于腹部乃至全身。他有一种说不出的好感觉。他没有想到尿尿竟是这样一件让人愉快的事情，当终于尿完时，他的身体像绷紧的弦松弛下来了。

不知过了多久，他觉得身子下面有点儿温热，心微微紧张了一下。

孩童心中小小的"荒诞"想法，让读者忍俊不禁，却又让人心生一丝悲悯。

"紧追不舍"一词用得特别妙，用拟人的手法，将明子与自卑感连接起来，写出了明子内心想要拒绝自卑却又难以摆脱的挣扎。

"一寸一寸"这一说法非常形象，将无形的时间流逝具象化为长度的逐渐缩短。

两只猫在不远处的垃圾箱里同时发现了一块什么食物，抢夺起来，并在喉咙里呼噜着，各自警告着对方。后来竟互相撕咬起来，不时发出凄厉的尖叫声。

明子突然一下子醒来了。身子下面的温热感也一下子变得十分明确。一个意识猛然跳到脑海里：尿床了！

他用手摸着褥子，证实着尿湿的面积。情况真使他害臊和不安：褥子几乎都湿了，并且湿得很透，能绞出水来。

他一动不动地躺在湿乎乎的褥子上。

他几乎是肯定地觉得，与他同一个被窝抵足共眠的师兄黑罐，此时此刻是醒着的，并且正在十分清楚地用后背忍受着那腌人的潮湿。

明子心里有一种深深的歉意。

明子的印象中，上次尿床距今大概才半个月时间。

这个坏毛病，像沉重的阴影一样，一直撵着明子，使他很小时就有了一种羞耻感。随着一岁一岁长大，这种羞耻感也在长大。明子的身体发育得很不好，又瘦又小，像一只瘦鸡，走起路来显得很轻飘。他的脸色总是黄兮兮的，眼睛深处驻着不肯离去的忧郁。这大概与这毛病有点关系。

明子认定，这个毛病是过去喝稀粥喝出来的。

在明子关于童年的记忆里，有一个很深刻的记忆，那就是喝稀粥。家里的日子过得十分窘迫，一天三顿总是喝稀粥。那是真正的稀粥！把勺扔进粥盆里，能听到清脆的水音。如果用勺去搅动一下粥盆，会瞧见盆中翻起的水花，和在水花中稀稀拉拉地翻动着的米粒。**他很小的时候，就能自己用一双小手抱着一只大碗喝这稀粥了，直喝到肚皮圆溜溜的，像只吃足食的青蛙。如果用手去敲肚皮，就像敲着一只牛皮鼓。晚上那一顿喝得很多。**不知怎

写到"心微微紧张了一下"的时候，又巧妙地宕开一笔。这种从容的叙述使得小说张弛有度。

用"青蛙""牛皮鼓"两个比喻写出了小明子喝稀粥时候的"贪婪"，写出了日子的窘迫与孩子的饥饿。

·5·

么搞的，小时候是那么困乏，一上床就睡着，一睡着就醒不过来。困乏与尿多的矛盾的直接后果就是尿床。天长日久就成了习惯，夜里有了尿，就不由自主地流泻出来。

明子长到十岁以后，这个毛病虽然好了些，却一直不能根除。

当自己用身子去焐干湿漉漉的褥子时，明子有时甚至对自己有一种深深的仇恨。

离家之后，明子总是小心翼翼的。他不能让师傅发现尿床。在他看来师傅是凶狠的，甚至是可恶的。他不愿看到他满脸恶气的脸色。晚上，他尽量少喝水，并尽量迟一点儿入睡。入睡之前，他总是一次又一次地往外跑，哪怕是一滴尿也要将它挤出来。可是，这并不能杜绝这一毛病的再现。如果，他一人独自睡一张床，也许能使他的心理负担小一些。**然而，这小小的窝棚，只勉强够放两张床，师傅自然要单独占一张，他不得不和黑罐合睡一张，并且不得不和黑罐睡一个被窝，因为他们两人只有这一床被子。他家匀不出一条被子来让他带上。**

明子把双腿张开，把双臂摊开，尽可能多地去焐潮湿的褥子。他的臀部和后背已感到火辣辣的腌痛，但他只能一动不动地忍受着。他睁着眼睛，很空洞地望着棚顶。他想让自己想一些事情和一些问题，可总是不能很顺利地想下去，常被臀部和背部的火辣辣的灼热感打断。

黑罐也一动不动地躺着。

明子知道，这是黑罐在默默地忍受着痛苦，而装出根本没有觉察的样子，以使他不感到歉意。可是明子在明白了黑罐的这番心意之后，心里却越发地感到羞愧和歉疚。

明子歪过脑袋去看睡在棚子另一侧的师傅。远处折

明子对自己尿床这个毛病的厌恶，升级到了对自己的恨。这可能是"羞愧"到了极点。

窝棚只能放下两张床，可见其狭小，更让人难过的是，明子家穷到没有一床被子可以让远行的儿子带上。极端的贫困带来的不仅仅是物质的困窘，也有对精神的压迫。

黑罐的体贴隐忍，让明子感动，也让他更为愧疚、怨恨自己。

射到窝棚里的灯光很微弱。明子唯一能看到的，就是师傅那颗摘了假发后的亮亮的秃脑袋。"三和尚！"明子在心里情不自禁地默念了一声，觉得这名字很有趣。他无聊地玩味着"三和尚"，暂时忘了身下的难受。明子和黑罐在背后开口闭口都称师傅为"三和尚"。他们觉得他就应该叫"三和尚"。"三和尚"这个名字最自然，最真切，最得劲。

三和尚心中似乎有什么重大的怨恨，翻了一个身，从胸膛深处长长地叹出一口气来。有一阵，他似乎呼吸有点困难，吸气出气，都变得急促和沉重，还夹杂着痛苦的呻吟声，像是在梦魇中挣扎着。

明子感到有点害怕，禁不住靠紧了黑罐。

明子觉得他和黑罐与三和尚之间有着一种冷漠，有一种敌对甚至仇恨的情绪。他和黑罐有一种结成同盟以抵抗三和尚的凶狠和喜怒无常的默契。

明子被煎熬着，等待着天明。

在这似乎漫无尽头的煎熬之中，明子的灵魂也在静悄悄地增长着韧性。心底深处的羞耻感，却在激发着种种可贵的因素：自尊、忍耐、暗暗抗争、不低头颅、不受他人欺骗、怜悯一切受苦的人……痛苦反而使他对人生和生命有了这种年龄上的孩子所没有的体验和成熟。若干年以后，当他成为一个堂堂正正、地地道道的男人时，他会感谢身体的痛苦和童年时受到过以后还将不断受到的生存和生活的苦难的。感谢苦难，不是因为苦难本身，而是感谢经历煎熬、克服困境后，人滋生出的韧性、自尊与克制，以及更强大的对人类苦难感同身受的理解能力。

他平静地坚持着。

作者在每个人物出场的时候，特别注意分寸。他没有给人物一个固定的"标签"，而是随着情节的铺展，逐渐丰满人物性格。三和尚在小说中正式出场，虽然有"凶狠和喜怒无常"的毛病，但他的"叹气和痛苦的呻吟"，也让人隐隐感觉他背后亦有难言的苦衷。本书少有恶人，即便有缺点，通常都有原因。

黑暗在渐渐淡化，城市在慢慢苏醒。

三和尚的秃顶更加明亮起来。明子甚至可以借着天光看到棚子角落上挂着的假发。明子记得，一到这座城市不久，三和尚就到处打听着哪儿卖假发。这件事对他来说似乎实在太重要了。仿佛他此次远行，不是为来干木匠活，而是专为买假发来的。**那天，明子和黑罐正在收拾棚子，一个中年汉子倒背双手，大摇大摆地走到了他们面前。他们只顾收拾棚子，没有理会这位中年汉子。"嘿，黑罐、明子，你们眼瞎啦！"**明子和黑罐略一吃惊，掉过头来，镇定细瞧：三和尚！三和尚咧嘴笑着，有几分得意，又有几分难为情。明子第一次发现，三和尚原也是一个长得很有风采的男人！那乌黑乌黑的假发，完完全全地覆盖了那丘"不毛之地"，使他一下子年轻漂亮了许多。当三和尚转过身去，请明子和黑罐欣赏时，明子忽然看出了破绽：那假发只不过像顶帽子，遮不住后颈和耳根旁的光溜，边缘齐刷刷的，反而将那几处的光溜衬得格外光溜，让人看了心里别扭。当三和尚一伸手，像揭掉头皮一样，将假发一把抓下时，明子感到了一阵恶心，浑身起了鸡皮疙瘩。"猜猜，多少钱？"明子和黑罐猜不出。"一百八十块！"这个数字让明子和黑罐咋舌。再说，三和尚又是个吝啬鬼，一分钱不是掰开花，而是数着格子花，怎么竟下狠心掏一百八十块买这么个玩意儿？从此，三和尚出门必戴假发，并且在黑罐从垃圾堆捡回的那块破镜子前好一阵调整和端详。

远处楼上，谁家违抗居委会的规定而偷养的公鸡叫了。从门缝中漏进的曙光，使煎熬了半夜的明子心里产生了一种冲动。

作者略去三和尚挑选假发的过程，直接写明子和黑罐差点儿没认出"中年汉子"，呈现假发给三和尚带来的巨大改变。

三和尚从被窝里伸出胳膊，很难看地打了一个哈欠，然后眼皮上翻，去望他的假发。他的眼神告诉人，每当他凝神望着它时，他心里会泛起许多往事、许多情绪。对于他来说，它的意义似乎是无比丰富和深刻的。

三和尚忽然皱了一下眉头，用劲嗅了嗅鼻子："哪来一股尿臊味？"

明子紧张了一下，没有吭声。

三和尚支起身子，又嗅了嗅鼻子："确实有一股尿臊味！"

明子闭上眼睛。

"黑罐、明子，你们听着，以后常洗洗你们的大腿裆和臭裤衩！"

"我们洗了。"黑罐答道。

"那哪儿来的尿臊味？"三和尚掀起自己的被子闻了闻说，"以后夜里再撒尿，跑远些撒，别在门口撒。"

黑罐"嗯"了一声。

"天亮啦，起吧，洗把脸，一起到路口小摊上吃油饼喝豆腐脑，吃完了，明子直接去等活，黑罐跟我到那个绝八代的人家接着干。我天南海北，做了这么多年木匠活，没见过这么抠门的人家！"

明子等黑罐起了床，才起床。他把被子放平，盖住了褥子。

三人走出门大约一百步远，黑罐说："你们先走，我觉得凉，回去取件褂子。"说完，掉头便回。

明子站住了。

"倒知冷知热的。我们先走。"三和尚说。

"我等一等他。"

三和尚对假发的依赖和在乎，源于往事深刻的印痕，源于心底的痛。

明子的反应先是"没有吭声"，接着"闭上眼睛"，心中的羞愧与懊恼让他不仅不敢承认，而且痛苦到不愿意直面自己。

黑罐比明子大，虽然他在很多时候并未如明子一般机灵，但是他总是像一个哥哥一样去帮助明子。像这样的细节其实文中还有很多。作者善用笔墨，这个善用也体现在"点到为止"——黑罐对明子的关心以及明子的感恩，如果每一处用很长的篇幅去描写，会让人腻烦。而作者将其打散，星星点点地穿插在主人公们灰暗和贫苦的生活中，带给读者温情与希望。

"也好，省得这个笨蛋又走迷了路。"三和尚说罢，独自一人往前头走了。

明子往回走了几步，远远地看见黑罐从棚子里抱出了褥子，将它晾到一根树枝上。

明子心中充满了感激。

二

场景转换，从小窝棚转到繁华的十字路口，明子进入工作模式。

十字路口。

这里是繁华地带，有三路公共汽车、两路无轨电车经过，整日车水马龙，川流不息。

南北马路的一侧，云集了从各地来的木匠。他们在这里等活。

明子把六七块漆板放好，将一把锯子象征性地抓在手中。

三和尚总派明子来等活，那倒不是明子不能干活，而是因为明子有一种机灵和一张讨人喜欢的嘴巴。那天，三和尚指着明子的鼻子说："你小子听着，在这种人堆里混，你那份机灵倒是很值几分钱的。"

明子与任何一个木匠的神情似乎都不一样。他一点也不焦急，倒像是来物色人干活的，从这里溜达到那里。他蹲下身子，看了一会儿几个木匠打扑克牌，又趴在一个安徽凤阳来的小木匠肩上，看了一大段武侠小说。溜达累了，他就靠树坐下，脱了鞋，双腿一伸，在太阳光下晒脚丫子。

明子忽然觉得有人在他的腰间捅着，掉头一看，不禁叫道："鸭子！"

鸭子是一个小男孩，也就十二三岁的样子，是明子几天前在这里等活时才认识的。

鸭子比明子矮半头，但长得出奇的结实，脸蛋儿红黑红黑，嘴巴总是油光光的，一看就知道，这孩子吃得很不错。**他的后背上插着一根两尺多长的细竹竿，竿头上立着一只灰褐色的鸟。那鸟的腿上拴了一只活的铜扣，有一根两尺多长的细绳连着铜扣和竹竿。那鸟常常飞起，但绝不超过绳子所能允许的长度，在空中自由舒展地飞了飞，又很满足地落回竹竿，把嘴在竿的两侧左擦一下，右擦一下，颤抖了一下身子，把羽毛弄得很蓬松，仿佛一下长成了大个儿。**

> 对细竹竿和小鸟的描绘非常细致，因为这对鸭子至关重要。

鸭子是这个城市的流浪儿。早在几年前，他就和爸爸、哥哥们走散了。从那以后，他就是一个不知道自己的家乡在哪儿的无根的少年了。

看到鸭子，明子忽然想到了小豆村，想到了三和尚和黑罐，想到了木匠们，想到了鸭子和自己。他很困惑，很迷惘。他默默地望着，而且只能是默默地望着。他有许多事情搞不清楚，有许多问题想不明白。而且可能永远也搞不清楚想不明白。小时候，老人们常在油灯下或月光下讲天堂，他也多少次饿着肚子、蜷着身子梦见过天堂。但梦里的天堂，比他眼前的这个世界差了远去了。他曾以为，眼前这个世界才真正是梦。然而，他清清楚楚地看到了小汽车吐出的一缕乳白的轻烟，清清楚楚地闻到了那些时髦女郎走过时留下的经久不散的让人迷糊的香气。他甚至能用手去触摸这个如梦的世界。他力图用老人们注入他

> 再次回到明子的视角，他被这个光怪陆离的世界所震撼。而此处设置的"天堂"作为一个参照项，也是匠心之处。"天堂"究竟是什么样子呢？明子梦中的天堂都不及眼前的城市，使得一切似乎恍然如梦，虽然是一个荒谬的对比，但荒谬背后却是真实的内涵——城市风物对他的刺激实在太大。

脑子里的有数的几个概念——"福气""命""修来的"等等——去解释他眼前的一切。当他认为这一切有了解释以后，他的心里好像很安静，很踏实。但以往的经验告诉他，用不多久，这纠缠人的困惑和疑问，还会来纠缠他那颗还很懵懂、很不会思想的脑袋的。

"你在想什么？"鸭子问。

明子摇了摇头："没有想什么，我在看街那边的树枝上有一只被风刮上去的塑料袋。"

衣服油渍麻花的鸭子似乎并没有这些思想。

"我到街那边去，那边人多。"鸭子说着站起身来往马路那边走。

明子忽然想起什么，叫住鸭子，问："你现在还是靠吃人家剩下的饭菜吗？"

鸭子很高傲地一摇头："不。我自己掏钱买饭菜吃，想吃什么就吃什么。"

"那你靠什么来挣钱呢？"

鸭子扭过头去，亲昵地望着竹竿上的蜡嘴："靠它。"

"它？"

"你跟我来吧，反正没有人会偷你的漆板。"

明子觉得鸭子的话说得也太奇怪，就跟着鸭子过了马路。

鸭子选了一块人来人往的地方站住，从后面取下竹竿夹在腋下，捉住蜡嘴，摘下它腿上的铜扣。

"你要干吗？"明子问。

鸭子朝明子一笑，双手一抛，将蜡嘴抛在空中。那鸟就在空中飞翔起来，并升向高空。

"它飞了。"明子仰望着天空说。

"高傲"一词值得玩味。不谙世事的鸭子选择了"高傲"的态度，一方面是对自己生活现状的满意，另一方面也是对明子提出的"吃人家剩下的饭菜"一语的反击。其中透露出的是一个小男孩对自己尊严的守护。

蜡嘴越飞越小，后来竟消失在云空里。

"你怎么把它放了，你不是说要靠它挣钱吗？"明子除了更加糊涂，还为鸭子觉得可惜。

鸭子却笑而不答。

明子在想：这鸭子的脑子是否出了点毛病？

"你看呀。"

明子再抬头仰望天空时，只见那只蜡嘴又飞回来了。它在他们头顶上盘旋着，越旋越低，最后落到了路边的树枝上。

"你能把它唤下来？"

鸭子摇摇头："你能。"

"我？"

"它要钱用。你在手里抓五分钱硬币，它就会下来。"

明子将信将疑，从口袋里掏出一枚五分钱硬币，用两只手指捏着，举在空中。

这时，已经围过很多人来观看。

鸭子打了一个口哨，只见蜡嘴斜刺里飞下来，直落到明子的手上，用坚硬的嘴巴啄了啄那枚五分钱，然后用嘴一拔，将它从明子手中拔出，展翅飞开，飞到了鸭子的肩上。它低下脑袋，一张嘴巴，那枚五分钱便又稳又准地落在了鸭子敞开的上衣口袋里。作为奖赏，鸭子从裤兜里掏出一粒谷子放到蜡嘴的嘴边。蜡嘴用嘴叼住，磨动了几下，将谷壳吐了出来。

明子感到十分惊奇。

这时，只见许多围观的人举起了硬币。

于是蜡嘴忙碌开了，就在硬币与鸭子的口袋之间飞来飞去，叼——松口，叼——松口……鸭子的口袋里不时发

此处对话非常有趣，鸭子卖关子，明子不明底细，为他可惜，为此困惑，鸭子一副"请你看好戏"的笃定的样子。

明子将信将疑，但还是选择配合，成为这场好戏的重要配角。

出硬币跌落在硬币上的清脆的金属声。

有一阵，那些举着硬币的胳膊竟像森林一样竖在空中。

鸭子的口袋已经鼓囊囊的，沉甸甸的。

但，那些喜爱猎奇的人们，还争先恐后地在口袋里搜寻硬币。那场面好热闹：没有硬币的，在用纸币向人们兑换硬币；一对情侣中姑娘在向小伙子求着："给我一枚嘛，给我一枚嘛！"……

打远处走来一个警察。

鸭子召回小鸟，重新套上铜扣，向明子使了个眼色，掉头进了一条小巷里。

"你要钱吗？"鸭子从口袋里掏出一把硬币来。

明子摇摇头。

"缺钱花，对我说。"

明子还是摇摇头。

"这鸟是一个老头送我的。那天，我饿得走不动了，坐在一个巷口翻白眼，那老头过来了，问我为什么坐着不动。我就把一切告诉了他。他叹了一口气，就走开了。可是过了一会儿，他又回来了，从他背后取下这支竹竿和这只鸟，对我说：'让它来养活你几天吧。'于是，他把这一招教给了我。"

"那鸟只认老头，会认你吗？"

"我也这么想。但老头告诉我，那鸟不认人，只认这支竹竿。这竹竿上有记号。**老头临走时说：'这可不是长久之计。你过了这难关，可要用自己的双手刨食吃。这鸟虽然会干这行当，可你大爷只是让它叨我自己的钱，你大爷只不过图个开心。'**我问他，怎么才能把鸟还给他。他说：'不了。这鸟被我困着好几年了。你混上饭了，就撅

"像森林一样"写出举硬币的胳膊又稠又密，人数众多，看来喜欢猎奇的大有人在，鸭子收入可观，生计绝对不成问题。

明子虽然很穷，但还是两次摇头，可见他的自尊，以及此时对这种挣钱方式的不认可。

老头临走时的叮嘱，说明他对鸭子的关切，他希望小鸟帮这个可怜的孩子渡过难关，但是又担心鸭子贪图便利，成为不劳而获的懒汉。

了竹竿，让它远走高飞吧'。"

"你没听那老头的话。"明子说。

鸭子说："我才不会听呢。那老头，真傻。"

明子说："自己卖力气挣的钱，才干净。"

"谁说的？"

"不用别人说。"

"我不管。"

明子忽然少了与鸭子说话的兴趣，回到了马路这边，依然老老实实地等他的活。

中午时，鸭子又来了。

明子朝他点点头。

鸭子打开一只纸包，露出两根奇大的炸鸡腿："给你一根。"

明子瞥了一眼，只见那鸡腿被油炸得黄亮亮的，十分好看。但他咽了咽唾沫，从怀里掏出一只又冷又硬的馍来，一边啃，一边朝大街那边毫无意图地望……

三

大概是一个什么节日到了，因为城市的夜晚变得非同寻常。

天已很晚了，他们只好百无聊赖地走向自己的小窝棚。

他们似乎都不太愿意回到那低矮黑暗散发着尿臊和霉

明子虽然穷苦，但依然有坚持，清贫的小豆村滋养了他的骨气，但是鸭子自幼与家人失散，无依无靠，对眼前利益恐怕最为关切。二人话不投机，明子回去等活。

细节刻画非常传神，对饥饿的明子而言，炸鸡腿无疑是非常有诱惑力的。坚守原则的明子，也很难抵抗——他"咽了咽唾沫""朝大街那边毫无意图地望"，都是他内心斗争的表现。

烂气息的窝棚里去。回去干什么呢？他们觉得，**这里的夜似乎特别漫长，像一条永无止境的荒野大路似的。**他们得一寸一寸地打发时间。当夜幕降临时，他们希望瞌睡能袭住他们的全身。他们不想想什么事情，反而希望脑子里空空的，或是沉沉的想睡觉。夜晚的寂寞和无聊，甚至使他们感到微微的恐慌。黑暗之中，他们总有一种熬的感觉。他们想拉呱，可又对不上话。黑罐心里有话，但口拙，结结巴巴的还不如不说。明子不愿和三和尚多说话，而三和尚总把他们当三岁的小孩看，觉得与他们说话好无味。他有时生出一种冲动，想谈女人，可他知道黑罐与明子对此一窍不通，也没生出那种情趣。他觉得与这两个嘴上没毛的"小畜生"在一块儿，完全没有什么好说的。

巧妙的比喻，将时间转化为空间，将"漫长"具象化。

唯一能够打破一点寂寞的便是黑罐随身带来的一把胡琴。

路过一座住宅楼时，黑罐一侧脸，透过窗子发现一楼一户人家的电视正打开着，说道："电视！"

窗帘是完全拉开的，那电视如同放在室外一样清晰。这是一间客厅，客厅里的主人们或是到厨房收拾去了，或是进卧室嬉闹去了，电视开着，却无人观看。

明子他们便大大方方地成了观众。

这是千载难逢的便宜。他们一排站着，痴呆呆地看着，完全忘了这是看人家的电视，并且是隔着窗子偷看人家的电视。

三人对电视的痴迷，可以看出他们日常生活的枯燥与无聊。

电视里正播放一个故事片，只见一个男人骑着一匹马，在林子间的草地上驰骋，过了一会儿，便消失在林子里。又过了一会儿，那个男人又骑着马在林间的水泊边出现了。他翻身下马，把缰绳系在树上，朝水泊边的一间好像被人遗忘的茅屋走去。他的脚步声使屋里的一个年轻女人匆忙而慌张地跑出，朝那男人跑来，然后扑倒在男人的怀里……

黑罐忽然叫了起来："那女的像李秋云！"

明子立即踩了黑罐一脚。

黑罐"哎哟"一声，却没有明白明子的意思："明子，你踩我脚了。"然后继续观察，继续坚持自己的看法，"真像李秋云！"

李秋云是三和尚的老婆。

三和尚好像没有听见黑罐的话，两眼瞪圆了盯着电视出神。

从里屋走出一位穿着睡衣的年轻姑娘，向外一瞥，见到了三位偷看者，下意识地拢了一下敞得太开的睡衣，两眼鄙夷地抢了他们一眼，随即耷拉着眼皮走过来，像舞台上拉大幕似的，把金丝绒的巨大窗帘"哗啦"一声拉上了。

明子和黑罐感到很尴尬。

三和尚也忽然醒悟过来，掉过身去，在前头悻悻地走着。

他们终于回到了自己的窝棚。

明子点亮了蜡烛，于是三条人影被扯得很长。微风摇曳烛光，人影虚幻地晃动着。

三和尚一把扯下假发，将自己放倒在床上。他的脸色很不好看，内心被什么痛苦咬噬着。

黑罐不知道此刻能不能拉胡琴，望着胡琴发愣。

明子白天等活时，跟河南小木匠借了一本只剩下一半的武侠小说，挨着烛光没头没尾地看起来，翻书的影子投

黑罐直接戳中了三和尚的伤心处，而明子就更显机灵。从这个小细节也可以看出两人性格的截然不同。

着眼于影子的描写。有一个成语叫"形影相吊"，形容人非常孤独。三条虚幻晃动的影子，写出此刻的空虚与寂寥。

在棚子上，很奇怪。

三和尚直挺挺地躺着，那样子让人发毛。

"你们都是哑巴呀？"三和尚侧过身去，无缘无故地发起脾气。

黑罐挪了挪屁股，依然还是哑巴。

明子不理三和尚，仍去看他的书。那书正写到险处。可是他搞不太明白：那两个剑客没带剑，凭什么杀了对方？两剑客的对话，也让他似懂非懂。一个问另一个："你何不带剑？"答："剑在我心中。"那个问话的不禁大声笑起来："你今必死于我手。""何以见得？""因我心中无剑。"

年幼的明子尚不懂得"无剑胜有剑""无招胜有招"之类的武林奥妙。

"黑罐，"三和尚从床上爬起来，"今天我来一段。"

黑罐很高兴，拿起胡琴来就调弦："唱什么调？"

三和尚说："悲调，大悲调。"

他们那一带人，都爱吼淮剧。淮剧分下河调、快活调等。其中悲调一唱起来，很是悲切，悲调中的大悲调更是悲痛万分。那地方上的人最爱听的就是悲调。那唱腔似乎脱胎于哭泣。其情感，其格调，与他们的心情好像很贴切。它能淋漓尽致地将他们心中那种绵延不断的伤感和愤恨表露出来。那平原上的有线喇叭，一得空就播放淮剧团的悲调，偌大一片土地，似乎毫无理由地常常沉浸在悲伤的情绪里。

悲调似乎来源于哭泣，是人们伤感的表达、痛苦的抒发、愤恨的控诉，是群体情绪发泄的一个突决口。

三和尚唱淮剧很拿手，悲调尤其唱得地道。三和尚过去参加过农村文艺宣传队，曾经用这悲哀的长调，把台下许多人唱出泪花，唱出啜泣声来。三和尚至今还记得台上台下哭成一片的动人情景。

黑罐在很认真地调弦。

"怎么这么难调!"三和尚说。

这把胡琴太蹩脚。它不是买的,黑罐买不起一把胡琴。它是黑罐自己做的。**琴筒是黑罐在人家盖房子时,捡的人家一截毛竹头做的;琴杆是黑罐用自家的竹子做的;蒙在琴筒上的皮,是黑罐从自己抓到的一条青肖蛇身上剥下的。**只有两根弦和一把弓是买的。

> 艺术想象有时源于现实观察。作者一定对胡琴极为熟悉,才能够清楚地了解胡琴的各个部分,使描写显得更为真实可信。

黑罐终于将弦调好,为了好滑弦换位,又将弦在后脑勺上蹭了点脑油,然后与三和尚对了一个眼神,便拉开了过门。

三和尚甩了衣服,清了清嗓子,摆开架子,等过门一过,便一抬头唱起来。

明子放下了手中的书,他是很爱听三和尚唱的。他听着,心里会很好过的。

> 三和尚一腔愁情无处抒发,在曲调中尽情地沉浸,达到忘我境界。

三和尚今天唱得格外投入。那声音颤颤的,像风中瑟缩着的钢丝。他完全地淹没在曲调里,失去了他自己。

黑罐也很投入。他忘掉了自己是在给三和尚伴奏,忘掉了还有一个明子在一旁听着,丝毫不顾自己的样子,直拉得摇头晃脑。拉到悲切处,他仰脸望着棚顶——不是望着棚顶,似乎是望着无限的苍穹;拉到难忍时,他把胡琴压倒,然后躬下背去把胡琴拥入怀里。

三和尚的秃顶在烛光里闪着冰凉的光芒。

> 悲调与悲情相融合,三和尚一反常态,两道泪痕透露出这个平素凶狠霸道的男人内心的柔软与愁苦。

烛光里,明子还看到三和尚的鼻梁两侧有了两道泪痕。这形象与他平素那副凶狠霸道的冷酷样子毫无相通之处。

也许,只有明子能够明白和理解三和尚的心情。

三和尚的老婆李秋云，是个长得极标致的女人。她人走到哪儿，哪儿都仿佛忽然地明净了许多。老人、小孩，男人和女人，都喜欢看着她。她长得不算高，身体很轻盈，春日里，走在堤边柳下，几只燕子在她身边的柳下来回地飞，让远处的人觉得她的那份轻盈，很像那些燕子。**她的眼睛黑黑的，当阳光照着时，很迷人地眯缝着。她总是专心地做自己的事，偶尔听见远处有脚步声，一抬头，那眼睛总是一亮，直亮到人心里去。**她的衣服都是自己做的，针线活总是做得又细又巧，那些衣服极合体地装扮着她，怎么看怎么合适。夏日，阳光照着水田，她去插秧，挽着裤腿在田埂上走，那样子总也让人忘不了。她的农活也干得好，秧插得很快，像蜻蜓点水一样轻巧敏捷，一天活下来，身上还没有一滴泥点。她常常低低地哼歌，总不肯大声地唱。每逢这时，人们便将活做得很轻很轻。那声音柔和而清纯，在安静的田野上如水一样流淌开去。她人又乖巧，见人总有几分羞涩，从不跟人争吵或高声说话，遇见稍微惊险的事，总是本能地缩起身子，眼睛里尽是惊吓，很让人怜爱。

李秋云嫁到小豆村时，才十七岁，像个孩子。

人们不太想得通：李秋云怎么嫁给了三和尚？

那时，三和尚总戴一顶网眼帽子，即使炎炎夏日也不肯摘去。

其实道理很简单：三和尚出身于木匠世家，几代人的辛劳，积累了一份很像样的家产。五间青砖青瓦房高高矗立在尽是低矮茅舍的村子里，家中的樟木箱子里压着许多布匹……另外一点也很重要：木匠手艺传到三和尚手上，已到了极致。三和尚的手艺，方圆几十里，路人皆知。李秋云的父母认定了一个颠扑不破的真理：荒年饿不死手艺人。于是，尚处在懵懵懂懂之中的李秋云便懵懵懂懂地嫁给了三和尚。

三和尚很疼他的老婆。可是，偏偏造化弄人——李秋云和村子里的川子好了。

……

明子当然知道，眼前唱得泪水盈眶的三和尚今晚如此心情到底是为什么。并且，似乎只要他肯想，还能想明白三和尚为什么要远远地离开小豆村。

眼前展开的世界倘若能给他们带来信心、舒适和快乐，三和尚的心情也许不至于糟糕到这步田地，然而情况很不如意。这个世界虽不拒绝他们，但冷漠无处不在。今天晚上，这种感觉变得格外强烈。

在明子看来，三和尚的悲哀也许夸大了一些，他有点儿太声嘶力竭。但即便如此，三和尚的吼唱，仍然还是引起了明子的感情共鸣。有一阵，他用正在变音的嗓子，很难听地轻声跟唱着。

大悲调的数板，最使人肝肠欲断。

黑罐的弓歇在琴筒上。

三和尚深吸了一口气，开始一段漫长的数板，数板的要求是句子间无间隔，中间不能换气，一气到底，声音由低到高。节奏逐步加快，如同一匹悲愤的马从黑云下奔驰而来。三和尚字字句句，一通数落之后，黑罐一起弓，三和尚又自然转入唱腔。黑罐手中的弓像寒风中的一条绸带在弦上颤抖不已，随即在进行了一个旋律的大回旋和节奏由快到慢、声音由高到低的过程之后，黑罐的弓终于与三和尚的声音一起息住。

作者含蓄节制，他不愿意跳出来对人物进行道德苛责，将判断的权力留给读者。

作者在这里笔锋一转，将过去的遭遇和当下城市的冷漠联系起来。正是过去的不幸与眼下的不如意叠加在一起，才使得三和尚难以承受。

明子不完全认同三和尚的声嘶力竭，但依然为此感动，被引起共鸣，可见艺术的力量，心境的相通。

关于演唱的描写，节奏由快到慢，"声音由高到低"是听觉感受；而"悲愤的马从黑云下奔驰""寒风中颤抖的绸带"则将音乐幻化为视觉效果。作者使用通感手法，打通听觉和视觉界限，二者相互交织，如泣如诉的景象跃然纸上。

　　三和尚长吸了一口气，又长舒了一口气，显出一副身心疲惫又很轻松舒坦的样子。

　　黑罐揉着酸痛的手腕，也很满足，像终于卸了一副粪桶担子那样。

　　明子忽然觉得他们很可笑。

讨 论

▼

> 1 <

尿床给明子带来怎样的影响？

由"这个坏毛病，像沉重的阴影一样，一直撵着明子，使他很小时就有了一种羞耻感。随着一岁一岁长大，这种羞耻感也在长大。明子的身体发育得很不好，又瘦又小，像一只瘦鸡，走起路来显得很轻飘。他的脸色总是黄兮兮的，眼睛深处驻着不肯离去的忧郁。这大概与这毛病有点关系。"可知，尿床的毛病如沉重的阴影笼罩着明子的生活，给他带来压力，对他的健康造成影响。明子对自己尿床这个毛病的厌恶，升级到了对自己的恨。这可能是"羞愧"到了极点。

> 2 <

作者为什么说明子会感谢苦难？

"明子被煎熬着，等待着天明。在这似乎漫无尽头的煎熬之中，明子的灵魂也在静悄悄地增长着韧性。心底深处的羞耻感，却在激发着种种可贵的因素：自尊、忍耐、暗暗抗争、不低头颅、不受他人欺骗、怜悯一切受苦的人……痛苦反而使他对人生和生命有了这种年龄上的孩子所没有的体验和成熟。若干年以后，当他成为一个堂堂正正、地地道道的男人时，他会感谢身体的痛苦和童年时受到过以后还将不断受到的生存和生活的苦难的。感谢苦难，不是因为苦难本身，而是感谢经历煎熬、克服困境后，人滋生出的韧性、自尊与克制，以及更强大的对人类苦难感同身受的理解能力。"

〉 3 〈

三和尚为什么喜欢唱淮剧中的悲调？

"他们那一带人，都爱吼淮剧。淮剧分下河调、快活调等。其中悲调一唱起来，很是悲切，悲调中的大悲调更是悲痛万分。那地方上的人最爱听的就是悲调。那唱腔似乎脱胎于哭泣。其情感，其格调，与他们的心情好像很贴切。它能淋漓尽致地将他心中那种绵延不断的伤感和愤恨表露出来。"三和尚悲调唱得尤其地道，他曾经用这悲哀的长调，把台下许多人唱出泪花，唱出啜泣声来。经历妻子的背叛、城市的冷漠，三和尚生活得异常艰辛，更是将一腔愁情寄寓在悲调之中，声嘶力竭地嘶吼。

第二章

四

冬天已经走来。

天空开始变得灰暗起来，无精打采地笼罩着城市。最先掉光叶子的，是这个城市长得最多的白杨树。路边水沟，已被落叶填满。清洁工们无可奈何，只好点起火来焚烧，因此，到处可见一团团烟雾。它们飘散到空气里，与无数家小餐馆的火锅中冒出的烟，与街头无数个烤羊肉炉子冒出的烟，与一辆辆巨大的运输车冒出的烟混合在一起，把本已在灰暗天色中的城市弄得更加灰暗。

三和尚又让明子来等活。

在路边，明子见到了许多熟人，又见到了许多陌生的面孔。人数又比以前多了不少。这说明没有活干的情况越来越严重了。天暖时，人们可请木匠在室外干，而天一冷，则需在室内干。可又有多少人家有空房子够木匠施展的呢？即使想做家具的人家，也在心里说：等明年开春再说吧。**生意就这样自然清淡起来。大街上依然人来人往，但很少有人注意这些眼巴巴的木匠们。他们一个个如同飞累了的鹤，神情漠然地立在路边上。**

明子似乎并不特别悲观，他总相信自己能等到活。

以景物开头，情景交融。冬天的肃杀气氛与景物的灰暗色调，暗示了工人们生存处境的艰难，映照出他们内心的苦闷。

生意清淡，木匠们眼巴巴的，等不到活，疲倦且漠然。

他有点想鸭子。

鸭子好像知道这一点，骑着一辆破自行车出现在他眼前。

"你的车？"明子问。

"买的，才四十块钱。"鸭子说。

明子看了看说："我骑骑。"

"骑吧。"

明子不太会骑车，车歪歪扭扭地往前滚。这车太破，链条磨着链盒，不住地发出呱唧声，满街地响，引得很多人掉过头来望。

这辆破车，引起了木匠们的极大兴趣，甚至兴奋。一张张木然的面孔，一下子皆活泛起来。他们就这样一天天地毫无希望地等待着。尽管谁也没有捆绑住他们，但他们必须坚持在这儿。就这么站着，就这么坐着，一天下来，枯燥得要命。他们真希望能发生件什么事情。**一辆自行车从大街上过去，那挂在车把上的篮子里有一条活鱼蹦到了柏油路上，在光天化日之下蹦跳，就这样一个新鲜的形象，也会引得他们一个个都振作起来。当那骑车的下车抓那鱼而抓了几次没抓住时，他们就会激动地嗷嗷乱叫。**

明子也很兴奋，那呱唧声越大他就越兴奋。那车像喝醉了酒，在大街上横冲直撞。

木匠们又嗷嗷地叫了起来。

当明子把车骑回时，便有很多人过来抢："让我骑一下！""让我骑一下！"

这辆破车，激活了毫无活气的木匠们，一个个皆动作起来，来回地跑动喊叫。直到鸭子心疼得快哭了，明子才把那辆车夺回来。

"苦中作乐"看似热闹，却掩盖不了生活的百无聊赖。"以乐写衰"，让人愈发感到无奈。

他们又回到了原来的氛围中。

"买车干吗？"明子问鸭子。

"一天可多跑些地方，多让鸟叼些钱。还有，我愿骑着它到处玩。"鸭子一点不像这些垂头丧气的木匠们，而总是无忧无虑。

作者非常擅长使用对比，不谙世事的鸭子表现出的无忧无虑的样子，恰好与这些生活没有着落而垂头丧气的木匠们形成鲜明的反差。

"冬天来了，你住哪儿？"明子问。

"一个老奶奶给了我一间小屋，那小屋原先是她的小儿子养鸽子的。你什么时候去我那儿玩玩吧。"

"有门牌号吗？"

"有。"

"往你那儿寄信行吗？"

"行。"

明子他们住的是自搭小窝棚，鸭子住的是养鸽子的小屋，生活困窘如此，更需要守望相助。

"我们没有住处。家里没法往这儿寄信。你给转一下吧。"

鸭子给明子留下了地址，明子也给鸭子描述了他们的窝棚所在位置。

"这些天，你还来这儿吗？"鸭子问。

"等不到活，总得来等。"

"我挺忙的，先走了。傍晚时，我再来找你。"鸭子骑着车走了。

明子望着鸭子由于腿短不容易够着脚蹬而一扭一扭的小屁股，听着呱唧呱唧的摩擦声，心里不禁有点喜欢起鸭子来。

或许是对等待失去了信心，或许是因为生活上发生了困难，在鸭子走后的一两个小时里，有两个木匠仅为了很少一点报酬离开了这里。一个是给人家去修理厕所的门，一个是给人家去做一只狗窝。主人们把价钱压得很低，若再讨价还价，就甩一句"不想做拉倒"，摆出决意要走的样子。**这些木匠们似乎没有太多的人的自尊和职业的尊严了。严峻的生存处境使他们也顾不上太多不实在的东西了。**

长久地坐在马路边上，明子感到有点寒冷。这儿的冬天似乎要比老家那儿的冬天来得快一些。明子不禁又想起老家来。

深秋的风吹着芦苇荡，露出一弯弯正在啃草的牛背来；

水边的芦苇经不住粗硕的芦花的重压，将腰弯下，像是在饮水；

天空里的雁阵，正在白云下慢慢地南下；

田埂上，安闲地停着几只乌鸦；

……

明子有一种预感，寒冷的冬天里，他将会在这座城市里接受一种前所未有的煎熬：他们将经受严冬的磨难；活会很少，甚至没活，日子必定艰难；他的尿床也将会频繁地发生，而冬天是很难晾干被子的。此时此刻，他觉得那个贫寒的家才是温暖的。他有点恨起三和尚来：为什么要把我们带到这么远的地方？！

五

以后的日子里，明子的运气也不好。他总也等不到活。他希望鸭子能来找他玩，可不知为什么鸭子总也

作者在这里有意地采用单句，强调了"人的自尊和职业的尊严"。鲁迅定义悲剧，就是将有价值的东西撕裂给人看——在生活的重压下，在城市的冷漠中，木匠们也只能放弃尊严。

作者宕开一笔，把对明子老家的风物描写有意写得像一首诗歌，流露出一种闲寂优雅的意趣。
这些景物都是农村中最常见的景物，在明子的回忆中却是美好的。从中可以读出明子内心深处对老家的怀念、对城市生活的抗拒，也对应了下文"他觉得那个贫寒的家才是温暖的"。

不来。

这天下午，明子实在等得不耐烦了，便早早地离开了这里。

明子下了汽车，要穿过一大片住宅区，才能走回小窝棚。

明子在楼群间走着，无意之中，看到前方的空中有一块白色的纱巾在往下飘落着。那纱巾在几座高楼形成的"峡谷"气流中，还往上空飘了一阵，然后才极缓慢地往下飘来。在毫无生气、一切都变得僵硬单调的冬日，这一形象就显得很生动。明子一点也不急着赶路，他站住，用眼睛一直盯住它。

纱巾终于落到地上。一阵风从地面上卷来，将纱巾吹成一团棉絮状，将它吹向路边的臭水洼里。

从十多层高的阳台上，传来一声柔弱的女孩声音："能帮我捡一下吗？"

明子抬头仰望，只见高高的阳台上，有一张苍白的脸正往下望，与此同时，他还见到阳台栏杆上贴了许多五颜六色的画。

"行吗？"女孩用女孩特有的声调问，并配以女孩特有的目光。

纱巾继续被吹向臭水洼。

"它就要落进去了。"女孩不禁从栏杆上伸出胳膊。

当纱巾就要被吹进臭水洼的一刹那，明子箭一般射出，一把抓住了它。他仰头望着女孩，举起纱巾，仅仅用神态和姿态对她说：你下来取吧。

女孩不知为什么犹豫着。

明子还是向她举着那条纱巾。

纱巾作为下文的线索物品，作者的选取是有考量的。"纱巾的洁白"与"城市的灰暗"、"纱巾的柔软"与"冬日的僵硬"形成了对比，使行文之间"张力"顿显。此外，"峡谷"这一比喻很形象，在城市的高楼大厦的包围下，中间的小道就如同峡谷一般。

"箭一般射出"，写出明子的敏捷，他抓住纱巾的举动及时到位。

女孩不安地问：“你能帮我送上来吗？”

“你为什么不下来自己取呢？”

女孩将头侧到一边去。当她再次把脸转过来时，不知为什么，已是满脸的伤感。她望着明子：“你能帮我把它拴在那根树枝上吗？”

明子走向那根树枝。当他回头仰望女孩时，他见到的是一双温情脉脉、忧伤动人的黑眼睛。那双眼睛在病态的脸上，正失望地看着她那块洁白的纱巾。明子停住了，转身问：“你住在几楼？”

女孩似乎在出神地想什么，没有听见明子的问话。

“你住在几楼？”

女孩微微一惊，答道：“10楼。1008号。”

“你等着吧。”明子走进门洞，找着楼梯，吭哧吭哧地爬到10楼。他找到1008号，那门已开着。他眼前的情景是：红地毯上，女孩安静地坐在一张轮椅上，正感激地望着他。

明子将纱巾递给她。

女孩接过纱巾：“你进来吧。”

明子望着红地毯，迟疑不决。

“进来吧，没事的。”

明子很不自然地走进屋子。

“你怎么这么长时间才上来，电梯忙吗？”

“我不知有什么电梯，我是爬上来的。”明子用袖子擦了一下额头上的汗。

女孩笑了，随即用手去转动轮椅，为明子忙碌起来：拿毛巾，剥橘子，倒饮料……

明子一边很不好意思地推让着，一边问：“你们家还

与前文描写李秋云的眼神一样，作者在这里也是抓住了女孩的眼神——温情脉脉、忧伤动人。明子可能也正是被这样的眼神吸引住了，因此才改变了自己的想法，将纱巾送到楼上，由此展开一段新的故事。

“明子走楼梯上10楼”这一小插曲也是作者设置的一个妙笔。明子不熟悉城市里的生活设施，才犯了这样的错误。这既是对明子乡下人身份的一个再确认，也是对明子后来命运的一个小小伏笔。

有人呢?"

"我爸爸是记者,我妈在一家公司工作,他们总是一早出去,天很黑很黑了,才能回来。"

"一天里,就你一个人在家?"

"嗯。"

明子心里有点为这女孩难过起来。

或许是这女孩太孤独、太寂寞,明子的到来,使她控制不住地兴奋和快乐起来。她的脸色变得红润,那双眼睛变得明媚而活泼。**她忘了自己身下的椅子,全当它是轻盈的双足,将轮椅在屋里来回地转着,一会儿指指墙上的一张照片:"那是我爸,那是我妈。"一会儿从里屋抱出许多只有一个女孩家才喜欢玩的各种长毛绒玩具来。**

"你们家阳台上贴了那么多画,是你画的吗?"

"嗯。"

"为什么贴在阳台上?"

女孩忽然又伤感起来:"当爸爸妈妈上班的时候,我在屋里憋得慌,就到阳台上去,看外面的天空、外面的小花园。我特别喜欢看到的是人。我看他们提着篮子买菜,看他们从小车里探出身子来……最最喜欢的是,他们也能看我。我就把画贴到阳台上。学生们放学路过楼下时,就会抬起头来望。那一刻,我心里真高兴。过些日子,我见他们不再抬头看时,就重新换上新画的画。"

明子环顾了一下屋子,觉得这屋子特别空大。

"你是个木匠,对吧?"

"你怎么知道的?"

"我天天在阳台上看外面,好几次见着你和另外两个人背着木匠工具,从这楼下过。"

"轻盈"写出了女孩使用轮椅的娴熟——从侧面表现出女孩在轮椅上的时间之久。这样的"娴熟"反而让读者愈加心疼这个女孩。

女孩行动不便,安静地观看成为她的日常生活,画画、贴画是她与世界交流的方式,不断换新画可以看出她渴望关注,渴望交流,更反映出她困在屋里的孤独、寂寞与郁闷。

明子点点头："我们就住在后面不远的地方。"

"你叫什么名字？"

"明子。"

"我叫紫薇。"

**"我该走了。"明子局促地一边搓着手，一边往门
外退。**

紫薇一直把明子送进电梯里。

回到窝棚后，明子发现只有黑罐一个人在，问：
"他呢？"

"他让我在家等你，叫你一回来就跟我走。"

"去哪儿？"

黑罐说："后面工地上。"

"找到活了？"

黑罐摇摇头。

"那去那儿干什么？"

"我也不知道。只是让你去。"

明子便随了黑罐，穿过一条巷子，来到一片建筑工
地前。

三和尚正坐在一截残墙之上。

暮色笼罩着工地。一座大型建筑正在施工之中。吊车
的巨臂，直升入高高的半明半昧的空中。到处堆满了建筑
材料：钢筋、水泥、木材……已有几盏发蓝的工地用灯亮
起，把乱糟糟的工地照得如同在魔幻里。

**三和尚只用眼角斜射出的目光，窥望着工地。在他的
视野里，杂乱无章的工地被简化了，简化得只剩一大堆已
被加工成一块块方子的上等木材。**他凝然不动地坐在残墙
上，目光清冷。

*明子为什么局促地
搓着手？一方面是
来到陌生环境的不适
应，另一方面，也是
明子自己内心悸动的
表现。*

*此处的描写非常传
神——三和尚起了
歹心，死死地盯着这
些上等木材，他的眼
里自然看不见其他东
西了。*

明子不明白地问："到这里来干吗？"

"坐下来看看。"三和尚并没有回头来望一眼明子和黑罐。

明子和黑罐只好跟着坐下来。

"好好看看。"三和尚说。

明子在心里骂三和尚：神经病！

晚风阵阵掠过工地，冲他们吹来。黑罐不禁哆嗦着缩成一团。

三和尚不知在想什么，无意识地像摘一顶帽子一样从头上摘下假发。于是，他的秃顶就在寒冷的空气中，被一束灯光照亮，像一只葫芦之类的东西，飘浮在夜色中。

明子不耐烦地站起来："我回去了。"

三和尚看了最后一眼工地，熄灭掉眼中的一丝阴谋，对明子和黑罐说："今天晚上，不回去烧饭吃了。找一个酒馆，我做东。"

明子和黑罐站着不动。

三和尚头里走："跟着我。"

明子和黑罐很奇怪，但想到要美餐一顿，自然也是很乐意。

找了一家酒馆坐定。三和尚要了一瓶酒、三只酒杯和几盘凉菜，又点了几个炒菜。

三和尚两杯酒下肚，眼睛像灯珠似的又红又亮，压低声问："你们刚才看见什么了？"

明子和黑罐答不上来。

"没看见那堆水泥后面有一大堆木材？"

黑罐嘴里正堵着一块肉，把头直点。

明子似乎明白了三和尚的心思，心微微地一个冷战，

木料的"诱惑力"实在太大，三和尚完全被吸引了，表现出了一副在寒风中也"流连忘返"的模样。这略显荒谬的场景，映照出的是他内心真实的贪欲。

不由得也喝了一口白酒，顿觉一条灼热的火流流入胃里。

三和尚的话却离开了这一话题，转而谈与这话题毫不相干的话去了："明子，你说怪不怪，你们家那群羊，死活就不肯吃那片草，最后竟一头一头地饿死在荒野上。真惨哪！这群畜生，真让人想不明白。为着这群畜生，我知道的，你们家几乎倾家荡产。还欠人家多少债？"

"不少。"明子说。

"你父亲说你家掉进债窟窿里了。他让你跟我学木匠手艺，指望着你救活这个家呢。我对他说了，别太指望这个行当能有多大出息。你知道吗？你父亲哭下来了，说这只船说什么也不能沉了，就拜托我了。我哪儿有那么大的能耐呢？可不是，现在连份活都找不着，带着你们两个坐吃山空。"三和尚的声音里有几分悲凉，把酒喝得咕咚咕咚响。

窗外的夜色正浓重起来。

被捂得严严实实的小酒馆里，烟雾朦胧，空气甚是浑浊。

"还有黑罐家，真是厄运呀！你父亲那人，大半辈子嘣酱油喝稀粥，出门做客，光着脚走路，临到人家了，才从怀里掏出鞋来，找个水塘边洗了脚穿上鞋，真是跌倒了还要抓把泥。为的就是盖幢房子。人累弯了腰，房子倒也很体面地立起来了，谁想到一把天火，将它烧得连根筷子都没抢出。这大冬天的，还不知道怎么个过法呢？"

黑罐嘴里鼓着饭菜，肩一耸一耸地啜泣起来了。

"命哪！你们懂什么叫命吗？这命你躲也躲不了的。"三和尚将一杯酒一咕咚倒进肚里，"我们三个，千山万水的，怎么跑到这儿来了？命撵着赶着我们呢。"

明子家的山羊第一次在文中出现，还是出现在三和尚口中，颇值得玩味。明子并没有否认三和尚的话，因为这时候的明子并不知道家里的山羊为什么不肯吃草。在下文的叙述中，我们将看到作者把"山羊不吃天堂草"这个故事打散，嵌入到整篇小说中去，好似一步步解谜的过程。小说的巧妙之处也在这里——"明子的成长"和"山羊不吃天堂草"两条线相互交织，随着"山羊不吃天堂草"这个故事一步步清晰化，明子也逐渐长大。

三和尚动情地讲述了明子家和黑罐家的悲惨遭遇，虽然主要目的是说服他们偷窃，但从侧面也可以看出三人遭遇的苦难。三和尚将其归结为"命"，一声长叹背后，也是道不尽的辛酸。

明子茫然地望着窗外的大街。

一直到酒足饭饱，三和尚也没有再回到关于木材的话题上。他背过身去，一连解开几条裤子，从缝在内裤上的口袋中掏出钱来付了账，与明子和黑罐一起走出酒馆。

回到小窝棚后很久，三和尚才一脸严肃地说："明子，你听着。看这样子，一天两天的，也等不到活做。那堆木材你是看见了的，趁天黑扛些回来，就在家里做活，然后卖出去……"

"你是说偷？"躺着的明子禁不住从床上坐起来。

三和尚似乎很忌讳"偷"这个字眼，道："放在露天地上，顺手拿几块，也不为偷。"

明子却一口咬定："这就是偷！"

三和尚满脸不高兴："你硬要说是偷，就算是偷吧。这事不能让黑罐去做，他人笨。你机灵，人又小……"

"不，我不去偷！"明子叫起来。

"怕人家听不见！"三和尚瞪了他一眼，"你先在心里想想。"

黑罐坐在床上直发呆。对这件事情的是非利害，他似乎失去了判断力。

明子跑出了小窝棚。他在心里喊着：我不偷！我不偷！

冬天夜晚的城市，很早就寂静下来。人们都守在被暖气烤得暖烘烘的屋里绝不肯出门一步。只有那些不畏严寒的恋人，偶尔出现在高大建筑的阴影下，或落尽叶子的梧桐树下。不远处有一片林子，黑暗里不时传来一两声寒鸦半睡半醒时的叫声。

三和尚掏钱的小细节。足见三和尚藏钱的小心——终归是自己挣来的血汗钱，如何不珍惜？这个小细节也为下文"两次丢钱、师徒反目"的情节埋下伏笔。

三和尚唆使明子去偷木材，被明子拒绝，纵然生存艰难，但是此处的三和尚的确没有起到当师傅的表率作用，难怪明子很多时候对他不服气，甚至看不起他。

明子在街上走着。前后左右的灯光，常把他一个人分裂出好几个浓淡不一的影子。他无意中又走到了那片工地，他在傍晚时坐过的残墙边站住。工地的绝大部分在黑暗之中，他朝不远处望去，他看不到那堆木材，但能感觉到那堆木材。三和尚在酒馆中讲的那番话，又在他耳边响起。有那么片刻时间，他的灵魂发生了动摇，下意识地朝堆放木材的方位瞟着。一阵寒风，使他打了一个寒噤。他转过身去，像逃犯一样，逃进黑暗里。

当他再仔细判断自己所在的位置时，发现自己是在那个叫紫薇的女孩家的楼群间。他想截断一直被木材缠住的心绪来回忆一下紫薇的面孔。可是不知为什么，那张面孔怎么也不能浮现于他的脑海之中。他拼命去想，可就是想不起来。他失望地坐在楼群间的小花园里的木椅上，此时此刻，他觉得自己的脑子和身体都很累，就闭起眼睛靠在椅背上。他的心一直微微发酸，想哭却又哭不出来。他不想立即回到小窝棚里去。他想到了自己尿床的毛病。这些日子，可无论如何不能尿床，绝不能让三和尚知道这一点。他有一种预感：三和尚将与他过不去，他将与三和尚暗暗较劲。

他睡着了，后来又被冻醒。他的双腿被冻麻木了，站了几次，未能站起。他只好弯腰用手去揉搓双腿。好一阵，他才能行走。

他重新回到了窝棚里，发现黑罐人不在，只有三和尚一人坐在床上。

三和尚的面孔冷冷的。

"黑罐呢？"

> 对紫薇的惦念成为明子无意识的行为，某种程度上，明子在乎自己在紫薇心中的形象，也是他坚决不去偷木材的原因之一，当然更重要的还是明子自己是非分明。

省略得当——黑罐究竟去了哪里？文中并没有明确写出来，但是读者一定都能猜出黑罐去偷木头了。作者在反映生活中的阴暗面时，表现出一种"举重若轻"的娴熟——他的作品很少直接去描写"恶行"，但他的文字又能够让大家清楚地看到善恶的界限。黑罐终究是一个善良的孩子，他是迫于三和尚的压力才去偷木材，作者不忍心将黑罐的错误赤裸裸地呈现出来，而是期许他能够改正。

当着明子的面，三和尚分给黑罐钱，是对明子发泄不满，更是想用钱来诱惑明子，希望他听自己的话乖乖去偷木材。

三和尚不回答。

他突然想到了什么，大声问："黑罐呢？"

"不知道！"

明子再一转目光时，发现三和尚的床下，已堆了七八根木头方子。这时，他又听见窝棚外有木头拖在地上时发出的声音，心里一切都明白了。他向三和尚投以挑战的目光……

六

三和尚和黑罐做了一个大立柜卖了，又做了一张写字台，也卖了，共得五百元。当着明子的面，三和尚分给黑罐一百元，其余四百元，他数了数，照例一连解开好几条裤子，放进缝在内裤上的口袋里去了。

明子的任务依然是等活。

明子终于见到了鸭子。

小家伙生了一场大病。

"那些天，我昏昏沉沉地躺在床上，全是那位奶奶照顾我。那奶奶人真好。"生了一场病，鸭子变得多愁善感起来。肉体的痛苦，使他在不多的日子里，一下子成熟了许多。或许是病瘦了显高，或许是真的长高了一点，总而言之，在明子的感觉里，他高出了一截。

那只鸟好像也清瘦了一些，但那对琥珀色的眼睛却比原先更亮。它忠实地守立在竿头。

"那天高烧退了的时候，我浑身是汗，一点力气也没有，但脑子特别清楚。看着老奶奶不停地为我忙，我心里想，以后，我得找点事情做了。"鸭子说。

"你能干吗呢？"

"等你出师了，我跟你学徒吧。"

明子摇摇头："不，学什么都行，就是不要学木匠。"

"为什么呢？"

"很苦。"

两人整整一天都待在一起。

回去路过那片楼群时，明子一眼看见，公园的铁栅栏旁，停着紫薇的轮椅。

这几天，明子路过那片楼群时，只要抬头，总能见到紫薇。紫薇似乎早就看到了他，因为，每当他抬头仰望时，紫薇已经向他摇着那块由他捡起的白纱巾。他也向她笨拙地摇摇手。

"你怎么在这儿？"明子问。

"在等你。"

"……"

"你怎么不到我们家来玩呢？"

"……"明子从未想到过这件事。

"去吗？"

明子不知道怎么回答。

"那我们就在这儿玩一会儿行吗？"

明子点点头，在离紫薇五六步远的地方站着。

今天无风，天气不算太冷。

明子倚在铁栅栏上。明亮的天色下，他第一回如此清

> 因为生病，鸭子变得成熟，开始反省自己的生活，他不愿意辜负老奶奶对自己的照顾，想要自力更生。

> 作者"写苦"但没有喋喋不休地"诉苦"。这是全文中唯一一处出现在主人公口中的"苦"，但也是出自明子好心规劝朋友的话，并非抱怨。表现出主人公不屈从于现实的压力，不断与苦难抗争。

楚地阅读了紫薇的面容。她的脸色实际上要比他原先感觉的苍白得多，眼中的忧郁也要比原先感觉到的浓重得多。她的头发很黑，眉毛更黑，一挑一挑的，如两翼鸦翅。鼻梁又窄又挺，把两个本来就深的眼窝衬得更深。明子很吃力地阅读着，因为，他总也记不住紫薇的面孔。

紫薇的整个生命，似乎只体现于上身，尤其是那双漆黑如夜的眼睛。她的下肢似乎已经不属于她了。她平静而又无可奈何地坐在那张欲要与她终身相随的轮椅上。

明子的目光落在她的膝盖上。他想问问紫薇那腿是怎么了，可又不知道该不该问。

"你想知道我的腿，是吗？"紫薇也低下头去，望她的膝盖。

"……"

"两年前，我得了一场奇怪的病，一连昏迷了十多天。我像睡着了，什么也不知道。我从医院被抬回家时，窗台上的水仙花已经抽出好长的叶子。那水仙花的根，是我昏迷前的头一天才买回来的。打那以后，我的脑子就没法指挥我的腿了……"紫薇用手轻轻地抚摸着缠绕在铁栅栏上的枯藤上的几片未落的干叶。

"你不应该总坐着，得练练行走。"

紫薇摇摇头："我永远也不能行走了。"

"你多大？"

"十五岁。"

"总有一天，你能行走的。"

"不会的。"紫薇的神态，是一种完全屈服的神态。

明子还能说什么呢？

作者不写明子看清了紫薇的面容，而是选用了"阅读"这个词，可见明子为了记住紫薇的面容的用心与慎重。

紫薇生病昏迷，昏迷前后她对时间的感受是以水仙花的生长为依据的。紫薇失去了对双腿的控制，水仙却苗壮生长。世间无常，失落与生机相依相伴，此刻紫薇对枯藤干叶的怜惜中也包含着自怜。

明子劝紫薇练习行走，鼓励她总有一天能行走的，此刻的紫薇伤心绝望，一副屈从于命运的神态，但可能心底还是有不甘的。

"你们老家好玩吗？"紫薇问。

"好玩。"

"有河吗？"

"有。出门就是水，走三里路，要过五座桥。"

"有鱼吗？"

"有很多鱼。记得我很小的时候，见到稻田往河里放水，就跑回家拿只竹篮子，看到一队鲫鱼来缺口里戏水了，就把竹篮往缺口的下游一插，再用脚从上游往下一闹，一提竹篮子，那里面就能有七八斤鲫鱼，有的有巴掌大……"

这些情景对于紫薇来说，自然是新鲜迷人的。她微微仰着脸，定定地望着明子，很入神地听他说。

明子向紫薇说了很多老家的事，直到天黑了，才一惊说："我该回去了。"又问道，"你怎么回去呢？"

紫薇说："我坐电梯上去。"

明子看着紫薇将轮椅慢慢摇到门洞里，眼看就要摇进电梯里，连忙追上去说："你明天傍晚，在这里等我一下行吗？"

紫薇回过头来望着他。

"我给你一样东西。"

"什么东西？"

"明天你就知道了。"

紫薇点点头。

明子向她摇摇手，快步赶往小窝棚。

晚上，黑罐拉胡琴，三和尚吼淮剧，明子一人跑了出去。他来到一个大垃圾场。每天夜上，总有几辆清理废墟的大卡车不知从哪儿来，往这儿倾倒废物。这里面虽然很

▶ 谈起家乡，明子兴致勃勃，能够跟紫薇讲讲故乡，缓解自己的思乡之情，是明子生活中的温馨时刻，也为紫薇打开了新的天地。

难捡到像样的木材，但总能找到一些棍呀棒的。明子在山一样高的垃圾堆里刨呀挖呀，最终搞到了一小堆材料。他又从一堆瓦砾里拽出一根电线来，将这堆材料扎成一捆，高高兴兴地将它扛回小窝棚。

三和尚见了木材，讥讽地问："你不是不偷吗？"

明子反驳道："我这是从垃圾堆上捡来的，不是偷！"**他把"捡"与"偷"两个字狠咬了一下。**

"你有种！"三和尚在鼻子里哼了一声。

第二天，明子宣布："我今天不去等活。"

"为什么？"三和尚问。

"有点活要做。"明子露出一副"谁也不能让我改变主意"的样子来。

三和尚只好瞪了他一眼，对黑罐说："我们今天把那个酒柜做完。"

一天里，三和尚就铁青着脸。

一天里，明子旁若无人，有声有色地做他的活——一副拐杖。

一天里，最尴尬的便是黑罐。他不时地瞟一眼三和尚，又瞟一眼明子。他想跟明子谈几句话，可一看见三和尚的脸色，便又只好去干他的活。

下午两三点钟，明子就把拐杖做好了。他先用粗砂纸打磨了几遍，又用细砂纸打磨了几遍，直把那副拐杖打磨得又光又滑。他把拐杖举起来看了看，觉得自己的手艺很不错，脸上露出得意的笑容。他用衣袖擦了擦拐杖上的细末，准备开路时，三和尚叫住他：

"你这副拐杖为谁做的？"

"一个女孩。"

倔强的明子，打从心底里不愿意"偷"。不仅如此，他还要对师傅反唇相讥，可见明子性格的刚烈。

三个"一天里"并置，形成鲜明的对比，将三和尚、明子、黑罐的不同处境进行了绘声绘色的呈现。

"女孩？"

"女孩！"

"给多少钱？"

"是我送她的。"

三和尚点点头："那好，下次干活，从报酬里扣你一部分工钱。"

"随便。"明子满不在乎地回道，然后像扛一杆机枪一样扛着拐杖就走。

紫薇早等在花园的铁栅栏下，一见明子，高兴地将轮椅摇过来。

"给。"明子把拐杖送到紫薇面前。

紫薇摇摇头。

"为什么？"

"我不会再站立起来的。"

"你试试。"

"试过。"

"再试试。"

过了好一会儿，紫薇说："好吧。谢谢你，明子。"

明子帮她把拐杖在轮椅上放好。

"你忙吗？"紫薇问。

"不忙。"

"再说说乡下的事好吗？"

"你还想听吗？"

"想听。"

还是在那栅栏下，明子滔滔不绝地讲他的小豆村，讲他的童年，讲那一方生他养他的土地。

紫薇很钦佩明子：他知道那么多她连想也没有想到过

上文非常细致地描写了明子在垃圾堆里寻找材料、用砂纸打磨拐杖的过程——然而为的却并不是工钱，哪怕师傅从他的报酬中扣款也满不在乎。他对紫薇的关心已经超越了生活的重压。也许，对明子而言，紫薇是穿透阴霾的一缕阳光吧。

虽然紫薇觉得自己不会再站立起来，但是面对明子的坚持，她的态度有所松动，同意再试试。这是一个新的开始，对于她此后的影响难以估量。

的东西！

"有一回，我去芦苇荡里挖芦根，看见一群黄鼠狼在拜太阳。好几十只黄鼠狼，毛色金黄金黄，在太阳下，亮闪闪的。它们全都迎着太阳，立直了身子，用两只前爪朝太阳作揖。我躲在芦苇丛里都看呆了……"

此时，明子发现自己原也很富有的。那种隐隐约约的卑下感一下子消失了。他变得大方起来，恢复了在小豆村时那副颇有点自负的样子，在紫薇面前的拘谨也好了许多。他有时像在小豆村的高高的麦垛上，或像在放鸭的小船上一样笑起来。他甚至爬到了栅栏上坐下，把两只脚垂挂着。那双穿着军用鞋的脚，还像钟摆一样，前后摆动着。

紫薇必须微微仰起脸来听。

天很黑了，明子和紫薇还都不想回去。对于紫薇来说，回去就意味着回到孤独里，而对于明子来说，回去就意味着回到压抑中。

冬天的月亮很清白，淡淡地照着城市。

最后还是明子先向紫薇说了声"再见"。

明子回到窝棚时发现黑罐又不在了。

"你玩得很开心？"三和尚阴阳怪气地说。

明子不搭理，钻到被窝里看他新借来的武侠小说。

夜风慢慢地大起来，吹进窝棚里，不住地摇曳着烛光。

明子忽然警觉起来：黑罐怎么到现在还不回来？他再去看三和尚时，只见他的神色也很不安。

又等了好久，黑罐还是未能回来。

明子再也等待不住了，踢掉被子，穿上鞋就往窝

从乡下贫苦村庄来的明子，在面对眼前的城市、面对住在高楼里的女孩紫薇的时候，内心总是有一种难言的压力与自卑。但是一旦他发现自己也有别人没有的"财富"，就不禁有点小小的"自负"。情绪的变化有意思。描写人物，要贴着人物的个性写——在作者笔下，一个机灵、有尊严的小木匠形象顿时跃然纸上。

黑罐的久久不归，明子非常担心，其实三和尚也很揪心，只是碍于师傅的尊严和"始作俑者"的纠结，不好表现出来。

棚外跑。

"哪儿去？"三和尚问。

"找黑罐，黑罐！"明子话未说完，人已出了窝棚。

三和尚也跟了出来。

两人一前一后，直往那个工地走。

明子一边走，一边小声叫着："黑罐！黑罐……"

街上空空荡荡。

明子和三和尚一直找到凌晨两点，才从一个在工地烧锅炉的老头那儿打听到，黑罐偷木材时被保卫人员抓住，被扭送到附近派出所去了。他们又摸了好久，才摸到派出所。

黑罐被关在一间小屋里。派出所人员见他老实，倒也没太折腾他。他坐在一条长凳上，在蓝幽幽的日光灯的灯光下发呆。他的脸上还留着刚刚被扭到这儿时的惊吓痕迹。他似乎哭过，脸上脏乎乎的。他似乎失去了思维能力，两只眼珠定定地望着对面的白墙。

明子一见黑罐，禁不住扑到窗口叫道："黑罐！"

黑罐只是愣着不动，听明子又叫了一声"黑罐"，才像从噩梦中醒来，连忙走到窗口。

三和尚立即找派出所的值班人员去了。

"你冷吗？"明子问。

黑罐摇摇头。

"害怕吗？"明子问。

黑罐点点头，又摇摇头。

明子与黑罐对望着，两人眼中都蒙上了泪幕。

值班人员过来打开门。

三和尚进了屋，见了黑罐，突然飞起一脚，重重地踢

这里的描写实为传神，将黑罐被抓之后过度惊吓的神态非常细致地描写出来。一个从乡下来的老实孩子，恐怕没有见过这样的阵仗——黑罐除了呆滞和沉默以外，别无选择。而明子在黑罐危难的时候也没有抛弃黑罐，可见两人的感情之深。

在黑罐的屁股上，随即又挥起巴掌，对着黑罐的嘴巴就是一巴掌："妈的，你有出息了，知道偷东西了！"

值班人员立即推开他："不要打人！"

三和尚扬着巴掌，像断了缰绳的牛一样，还要往上冲，被值班人员死死顶住。三和尚就跳起来大声地骂："你这不要脸的东西！你撒泡尿淹死算了……"

黑罐站在墙角里动也不动。

那个值班人员看了一眼黑罐，忽然动了恻隐之心，对三和尚说："掏钱吧！"

三和尚仿佛没听懂似的望着那个值班人员。

"没明白不是？罚款呀！"

三和尚嘴里嘟嘟囔囔地不知说什么。

"想不想领人回去？！"

"想，想。"三和尚连连说。

"掏钱吧。四百块！"

三和尚磨蹭了半天，终于背过身去解裤子，像掐他肉似的掏出四百块钱来。

领了黑罐出了派出所不久，三和尚问黑罐："前几天给你的一百块钱呢？"

黑罐答道："寄家啦。"

"你倒挺快！"

明子拉着黑罐冰凉的手走着，不去理会三和尚。

回到窝棚以后，三和尚解开裤子，把钱掏出来点了又点，忽然嗅了嗅鼻子，说："这股尿臊味哪儿来的，我总有一天会搞清楚的！"

三和尚的行为耐人寻味，明明是他指使黑罐偷窃，但是黑罐被抓，他却表现出一副事不关己的样子，反倒在公安局里责打起黑罐。但细细想来，这行为看上去不通人情，其实也是三和尚的狡黠之处。三和尚并非不关心黑罐，听到黑罐被抓的消息，他也非常担心。对于黑罐来说，三和尚是此时唯一的救星，也许这是三和尚教给两位徒弟的一课吧。

前些天三和尚卖大立柜自留的四百元，此时正好上缴罚款，三和尚竹篮打水一场空。作者以这种方式让三和尚和黑罐受到惩罚，吸取教训，也帮读者辨别是非。

七

这天，鸭子在明子等活时，送来两封信，一封是他的，一封是黑罐的，唯独没有三和尚的，而三和尚是写了信的，并且，明子看得出，三和尚一直在等回信。明子拿到这两封信，心中莫名其妙地感到兴奋。他几乎已经看到了三和尚嫉妒和难受的样子。下午，他早早回去，离窝棚还有十几步远，就高声叫起来：

"家里来信啦！"

黑罐第一个冲出窝棚，三和尚跟随其后。

明子把一封信举到黑罐面前："给！"

三和尚用眼睛问：有我的吗？

明子装着没看见，搂着黑罐的肩膀进了窝棚。他特地脱了鞋，盘腿在床上坐定，把双手在裤子上搓了又搓，才把信展开（其实，他已把那封信看过三遍了）。

黑罐急急切切地看家中来信，撕口时，几乎把信撕了。然后站在那儿就看起来。由于激动，那信纸在他手上直颤抖。

他们离开家已很长时间了。明子和黑罐又是第一次远离家门。他们很想家，非常想家。明子和黑罐在睡梦中，在感到辛苦和难过时，都哭过。然而他们只能写信回家去，而不能得到家中任何消息。因为在未得到鸭子的地址之前，他们没有任何通讯地址。他们常常毫无理由地为家和家中的人担忧：谁谁生病了没有？谁谁冬天添置了棉袄

因为师徒之间为"偷木材"这件事有一点小小的不愉快，所以明子"记恨在心"。但师傅毕竟是师傅，明子很难做出反击。明子特地用这种方式让"三和尚嫉妒和难受"，真是一个淘气的孩子，让人会心一笑。从此处的描写也能感受到，漂泊的三人，在外要面对着城市的压力，在内也免不了一些摩擦和分歧——作者将生活的复杂一层层展现出来。

没有？那笼长毛绒兔子能捱过冬天吗……

　　其实，最痛苦的是三和尚。尽管如此，他还是刻骨铭心地爱着李秋云。他觉得她是世界上最完美、最叫人难忘的女人。他常常为自己的猥琐和种种卑下的情操而羞愧并仇恨自己。他也很恨李秋云，特别是在想到一些事情的时候，他能恨得咬牙切齿。他知道她不爱他，她有时肆无忌惮地表现出这一点。这使他无法忍受。他也是男人！可他又不能去揍她打她。她知道这一点，几次面对他凶狠的目光，轻蔑地昂着头，撇着那张让人灵魂战栗的嘴。他知道自己失败了。既是无可奈何，也是无法忍受，他离开了家。另外，他想挣一大笔钱。每当他想起川子有那么多钱时，就嫉妒得要命！到了这座城市之后，他发现自己丢不下李秋云。他常常想她，甚至能够在心里原谅她，只要她收敛一点，不让他知道，也不让村里人知道，他能够忍受住这份耻辱。他常常给她写信，并且不时地给她买一些东西放着。打十多天前他和明子、黑罐一起把信发出后，他总希望能得到她的信。

　　明子一边看信，一边夸张地快活着。看了一会儿，还大声地读起来："今年的稻子收成不错，冬天的粮食够吃了。屋后的鱼塘已放干，出鱼共十六斤，给毛头家送了一条黑鱼，给东头三奶奶送了斤把鲫鱼……"

　　黑罐也很高兴，一边看，一边说："家里收到我寄的钱了；我大哥结婚了；我姐有了个孩子……"

　　三和尚躺在床上，脸色发灰。

　　明子瞥了一眼三和尚，先是觉得很开心，但很快就觉得自己有点过分了，就把声音压低，读着读着没了声音，读着读着不读了。样子还像读，但实际上没读，没心

> 这长长的一段文字，表现的正是三和尚矛盾的心情。他恨李秋云的轻蔑与背叛，恨得咬牙切齿，但内心又深爱着她。三和尚远远地离开了她，来到城市，但总是渴望着李秋云的信。

> 明子冰雪聪明，他看到三和尚这样悲伤，就逐渐停了读信的声音。而相比之下，黑罐则显得木然。两个人物的性格差别，对照之下更加明显。

情读。

黑罐的眼睛从来看不出什么事来，明子不读了，他倒朗朗地、读书一样地读起来："到芦苇荡割了三天芦苇，足足两大船，都已运回家了……"

"出去念！"三和尚凶凶地说。

黑罐直发愣，过了一会儿，真的走出去念了。

窝棚里就只剩下三和尚和明子。

明子觉得空气很紧张。

"明子，"三和尚站了起来，"昨天，她来了是不是？"

"半路上遇到的。"

"你回她我不在是不是？"

"你告诉过我们，你要出去。"

"可你知道我后来没有出去。"

"……"

三和尚冷冷地说："你是不想跟我学手艺了，是吧？"

"我没有说过。"

"不想学，你就走。"

"我没有说过！"不知为什么，明子哭了起来。

三和尚没有再说话，从床下拖出一只破皮箱来打开，从里面拿出一件女人穿的羊毛衫，装进一只塑料口袋里。好像要出门，因为他在破镜子前仔细检查了假发。

明子默默地看着。他知道，那件羊毛衫是三和尚跑了十几家商店为李秋云买下的。

三和尚夹着羊毛衫出去了，并留下一句话："你们自己弄饭吃吧。"

"跑了十几家商店"能看出三和尚的精挑细选程度。这也从侧面反映出了三和尚对李秋云的重视。然而，三和尚在这里却拿出了这件本为李秋云购置的衣服，拿去送给别人——这其实是三和尚对李秋云绝望的一个表现。

黑罐走进窝棚问明子："他去哪儿？"

"大概是找她去。"

黑罐似乎明白了，把头点了点。

明子说的那个"她"，是一个卖豆芽的女孩，来自湖南湘西。岁数也就比明子大六七岁，要比三和尚小十四五岁。几个月以前，一天，她在路边卖豆芽，见了收工回来的三和尚他们问："师傅，买点豆芽吗？"当时，天都快晚了，但她还有半筐豆芽没能卖出去。三和尚望了一眼这个女孩，直觉得暮色中的她生得很单薄，忽然起了同情心，便要了两斤豆芽。后来，只要路过那个路口时，总能见到她在那儿卖豆芽。一来二去的，她跟他们就认识了，见了面点点头，抬抬手，打一声招呼。这期间，三和尚顺手帮她收拾了一下挂在自行车两侧装豆芽的箱架，又应她的请求，到她的住处，给她重做了几只抽豆芽的大木屉。三和尚偶尔看一下她，觉得这女孩有点让人怜爱。他把她看得更小了一些，也更弱了一些。她也用更小更弱的女孩的目光看他。打那以后，三和尚有空时，就过来她的屋里坐一坐。这是一间租借的平房，既是作坊，又是她睡觉的地方。碰上要用力的地方，三和尚就赶快过去代她做或帮她一把。她总也羞涩着，笑眯眯的。三和尚出门时，她送他到门口，把头半低着望着他消失在黑黑的胡同口。

在明子印象里，她很瘦，就像她卖的豆芽菜。

这一夜，三和尚没有回来。

后来有几天，三和尚的脾气软乎了许多，甚至有了笑容，也不再吼悲调。但明子不知为什么，对他更憋足了劲。三和尚很恼火，决心好好"拿一拿"他。

这天一早上起来，只见大雪纷飞，黑罐说："今天就

三和尚温柔的一面——对卖豆芽的女孩体贴入微，而卖豆芽的女孩也是感激三和尚的，出门时望着他消失，两人互生情愫。

可能明子内心对三和尚和卖豆芽的女孩相好有所不满，对三和尚有抵触情绪。三和尚决定治治明子的不恭敬。

大雪纷飞，市民出来找木匠的可能性极小，三和尚却硬逼着明子去等活，纯粹就是为了找碴，树立自己的权威。

蜷被窝吧。"

明子跟着说："睡到中午再起来。"

三和尚却说："明子得等活去。"

明子躺着不动。

三和尚说："明子你听见没有？"

明子顶道："我不去。"

三和尚吼道："不去，你就回家！"

"我就是不去！"

三和尚说："你可想好了。"那话后面的意思是说：你如果真的不去，我就真的让你滚蛋。

黑罐坐起来套棉袄："明子，我们一起去吧。"

三和尚说："不行。那家的零活还没干完，今天你得跟我去干零活。"

明子依然躺着不动。

三和尚再也没有吭声，掀掉被子，气呼呼地穿起衣服来。在往脚上蹬鞋时，他对明子说："好好好，你不去，我去！"

黑罐连忙用脚拨了拨明子。

明子流泪，不单单是贪恋雪天被窝的温暖，更多是因为心底对三和尚的不忿，和"人在矮檐下不得不低头"的屈辱感。

明子踢翻被子，一骨碌站在了床上。他一边流泪，一边胡乱地穿着衣服，然后连衣服扣都没扣上，就冲出了窝棚，冲进了风雪里。

雪下得很大，阴霾的天空下，一片沸沸扬扬。远处的建筑，被大雪遮蔽了。只有近处的建筑灰蒙蒙地耸立着。

明子吃力地走出楼群。他的身后，是一行深深的脚印。

街上的自行车一下子变得稀少起来。偶尔有几辆行过时，骑车人显出一脸紧紧张张、小心翼翼的神情。公共汽车慢吞吞地行驶着。每一块车站的站牌下，都黑压压地站满了人。**他们似乎穿了所有能穿的衣服，一个个臃肿不堪，并都捂得严严实实。许多姑娘们捂得只剩一对眼睛在耸起的毛茸茸的衣领里眨巴着。汽车一到，他们就像一只只塞满棉絮的大包挤挤擦擦往车门里拥。**挤得很紧很紧，但并没有一人发出痛苦的叫声，大概是身上实在很绵软的缘故。

　　明子双手深深地笼在袖筒里，缩着脖子，佝偻着腰，哆哆嗦嗦地往前走。他头上竟没有一顶帽子，一头短发像庄稼地里的稻茬儿。那雪一团一团地落在茬棵里，很迅捷地接触到头皮，使他不停地打寒噤。他的领口开得很大，那锐利的风和刁钻的雪片钻进去，一直钻到胸脯。**明子觉得自己穿的是一层冰凉的铁皮。**他的裤管很短，鞋又不暖和，脚很快就感到了疼痛。

　　明子无数次从"棉花包"里被挤出来，两个小时以后，他才挤上汽车。

　　长长的马路边上，只有两三个木匠在等活，显得十分清冷。

　　明子来到这里，把一摞漆板和招揽生意的牌子放好后，赶紧躲到商店的廊檐下。

　　明子冻得上牙打下牙，打得格格响。他便把一排手指插到上下牙之间垫着。他的身体缩得更紧，耸起的肩胛几乎与头顶相平。他用一双过于黑白分明的眼睛，不时地瞅着路边。他几乎要在心中祈祷上苍了，让上苍保佑他能找到一份活。早一点找到，他可早一点离开这里。北方的寒冷实在太深刻了。过了一两个小时后，明子感到身上有点发热，不一会儿，额上居然冒出虚汗来。冷风吹过，

▶ 通过描写路上行人鼓鼓囊囊的衣着，从侧面烘托出天气的寒冷。

▶ "冰凉的铁皮"是一个非常形象的比喻。让读者联系到自己的日常生活去想象——铁降温极快，在冬天自然是更加冰冷。而"铁皮"的薄，更是形象地与明子的穿着相照应。城里人是"一个个臃肿不堪，并都捂得严严实实"，而明子却只有一层铁皮似的衣服，是非常鲜明的对比。

虚热退出，身体便越发感到寒冷。这种寒冷几乎到了能冻结他思想和意志的程度。有一阵子，他一动也不动了，把眼睛半眯着，毫无想法，也毫无感觉地看着眼前的世界。一切，都很模糊，留不下任何印象来。他的灵魂与身体都变得麻木了。他隐隐约约地感觉到血管里的血也在慢慢冷却。

"明子！"有个木匠叫了他一声。

他惊了一下，那股顽强和韧性又忽然地醒来。他使劲眨了眨眼睛，搓了搓手，在地上蹦跳起来。

其他几个木匠也先后跟着蹦了起来。

明子越蹦越快，越蹦越高，落地的声音也越来越大。

那几个木匠也是如此。他们像沉睡的机器一样开始发动起来。

行人在看他们。

冬天的他们，显得更寒碜。

明子觉得生命开始在冻僵的躯体里奔流起来，并且有喧嚣的欲望，便情不自禁地大叫起来："嗷——"

几个木匠立即遥相呼应："嗷——"

"嗷嗷——"

这毫无内容但饱含着情绪的粗野而无教养的嗷嗷声，直冲雪花飘飘的天空，在大街两旁的建筑之间撞来撞去，形成一种声浪。

他们跳得更加发疯，并故意跳得更加难看。

围观的行人越来越多。

这反而使情绪失控的木匠们更加狂热起来。

明子跳着跳着，跑动起来。

那几个木匠一见，也跑动起来。

如同狂欢节一般的喧闹，而背后的原因仅仅是为了取暖。围观的行人很多，他们看到的是木匠们的寒碜的衣着与粗野的行为，但能够真正了解木匠们寒冷的，又能有多少呢，城市的冷漠在此又可见一斑。

他们或来回跑，或兜着圆圈，其形一忽儿像挨了鞭子一纵一纵的牛，一忽儿又像耷拉着翅膀的公鸡。跑到后来，他们跑到了一起，又改换成跳。不知是谁把胳膊放在了谁的肩上，接着一个接一个把胳膊互相搭到肩上。几张嘴互相对着嗷嗷叫，在他们中间形成的一个圆圈里，从中喷出的热气汇成一团，在低温里冻成乳白色，朝空中袅袅升腾。

他们的眼睛里，慢慢地都有了泪花……

累了，他们就歇一会儿。当寒冷又将他们冻得失去思想和感觉时，便又来一次跳，一次叫，一次跑。

下午四点钟的光阴，明子居然等到了活。

在回家的路上，明子的感情变得很脆弱。他不怎么恨三和尚了，他只想哭，心总是酸酸的。

路过那片楼群时，他透过雪花，看到了紫薇和她的轮椅。

轮椅一动不动地停在厚厚的雪地上，轮子有一小半陷进了雪里。

紫薇静静地坐着，那样子像一座雕像。

明子跑过去："你怎么在这儿？"

"等你。"

"……"

紫薇从放在腿上的塑料袋里拿出一条棕红色的围脖，又拿出一顶棉帽来，双手捧着，递到明子面前："我爸我妈一直想去谢谢你，可总也抽不出时间来。他们让我把围脖和帽子交给你。"

"不。"明子后退了一步。

"收下吧。"紫薇望着他的眼睛。

作者用挨了鞭打的牛和耷拉着翅膀的公鸡，形容严寒中跑动的木匠们，一方面融合了木匠的视角，从他们熟悉的生活中打比方，或许其中还夹杂着思乡情绪，另一方面透露出作者对乡村生活的熟悉与对木匠的同情。

此处省略号的使用意味无穷。木匠们为什么眼含泪花？是因为对自身处境感到不满，被寒冷折磨而内心忧伤，想起了远方温暖的小家吗？种种复杂情感，一言难尽。

轮子陷进了雪里，紫薇等到像成了一座雕像，可见等待时间之久，此刻的紫薇，非常珍视与明子的友谊。

明子不知道该怎么办。

紫薇把轮椅一直转到他跟前："给你！"

明子伸出双手去接住。

"把围脖围上吧。"

明子把围脖围上了。

"把帽子也戴上吧。"

明子把帽子也戴上了。

紫薇点点头，笑了笑。

"你用那副拐杖了吗？"

紫薇说："用了。每天晚上，我让爸爸妈妈扶着我在屋里走。我有点相信你的话了。爸爸说，等春天到了，他们要将我送到另外一家医院去治疗，听说那家医院很会治这种病。"

"你肯定会站立起来的。"

紫薇点点头，睫毛上的雪花在闪烁亮光。

明子把紫薇送到电梯口。在回窝棚的路上，明子哭起来，后来竟失声大哭起来……

也许，对于明子来说，紫薇父母送给他的围脖和帽子，可能是他在这个陌生的地方第一次收到的关心吧。明子没有办法抑制住自己的情感———一个非常有自尊心的孩子，一个坚强的孩子，也被感动得落下了眼泪。

讨 论

▼

> 1 <

明子和紫薇是如何相遇的？

一天，明子在楼群间走着，无意之中，看到一块白色的纱巾从空中飘落着。从十多层高的阳台上，传来一声柔弱的女孩声音："能帮我捡一下吗？"纱巾的主人是紫薇，一个因为一场奇怪的病失去行走能力的女孩，她困在轮椅上，异常寂寞。之后明子和女孩慢慢熟悉，明子为她讲小豆村的故事，为她做拐杖，鼓励她站起来，而女孩的倾听和陪伴也是明子生活中难得的温馨。

> 2 <

冬天没有活儿干，三和尚让徒弟去工地偷木料，明子和黑罐分别做何反应？

三和尚因为生活困窘，先是让明子去偷木料，明子坚定拒绝，跑出了小窝棚。他在心里喊着：我不偷！我不偷！但老实巴交的黑罐不敢反抗师傅，当明子再回到窝棚时，他发现三和尚的床下，已堆了七八根木头方子，黑罐还在外面拖木头。结果，在一个深夜，黑罐偷木料被抓了，三和尚只好交钱把他赎回。

> 3 <

大雪纷飞，雪地里的木匠是如何抵御寒冷的？

明子使劲眨了眨眼睛，搓了搓手，在地上蹦跳起来。其他几个木匠也先后跟着蹦了起来，越蹦越快，越蹦越高。他们开始嗷嗷大叫，跑动起来。他们或来回跑，或兜着圆圈，跑到后来，他们跑到了一起，又改换成跳。不知是谁把胳膊放在了谁的肩上，接着一个接一个把胳膊互相搭到肩上。几张嘴互相对着嗷嗷叫，在他们中间形成的一个圆圈里，从中喷出的热气汇成一团，在低温里冻成乳白色，朝空中袅袅升腾。他们的眼睛里含着泪花，累了，他们就歇一会儿。当寒冷又将他们冻得失去思想和感觉时，便又来一次跳，一次叫，一次跑。大雪纷飞，木匠们衣着单薄，就靠着最原始的取暖方式——跑和跳，抵御寒冷，这个场景莫名有些悲壮。

第三章

导 读:

1. 为什么有了电家伙，赚钱更多了，师徒之间的矛盾却越来越多?

2. 黑罐为什么会参与赌博?

3. 丢钱以后，三和尚为什么要惩治明子?

八

过了些日子，冰封的世界开始缓缓地融化。灰暗了好几个月的天空，慢慢地变得明净起来。那些高大的建筑物，从模模糊糊中显现出来，轮廓逐渐分明，直至刀切的一样，突兀在人的视野里。教堂的钟声也从浑浊变为明朗，顶上的十字架仿佛是用吸饱墨汁的排笔在天幕上新刷上的。冻得发白的泥土开始湿润变黑。白杨树干向阳的一面，开始泛潮，微微发出绿色的光泽。湿乎乎的阳气，正在无垠的空间里生长着、浓厚着。

人的心里似乎也生长着希望。

天似乎暖和得很快，北风一停，瘦削的太阳忽然变得强壮起来，阳光晒到人肩上，有了重量。似乎往上漂浮了许多的天空下，总飞着鸽群。它们分别为不同的主人饲养，在空中迂回，盘旋，互相交叉，最终还是一队一队地各自飞去。

白杨树终于在风中摇起薄薄的、绿晶晶的叶子。

春天里，也生长着欲望。

由于各种各样的原因，三和尚近来对金钱的欲望愈发强烈了。

一天，干完一个人家的活，三和尚让明子和黑罐先回去，自己去看望一个几年前认识的木匠，晚上回到窝棚后，三和尚不知为什么事情而兴奋。明子和黑罐都已上床睡觉了，他却不睡，拿出笔来在一张纸上算来算去算什么账。算到后来，他把笔往纸上一拍，笑了起来。继而，竟然请黑罐起来拉段胡琴，让他吼几嗓子，搞得明子和黑罐差点以为他得了神经病。

第二天早上，三和尚说："今天不干活。"他见明子和黑罐一脸疑惑，说道："吃完饭，跟我走。"

三和尚领着明子和黑罐坐了几站公共汽车，下车后走一阵，便拐进一条胡同，进了一个院子，只见这里也有一伙人在干木匠活。

那个领头的，就是三和尚认识的那个木匠。三和尚常对明子和黑罐说起他。三和尚叫那人为"吴二鬼"。

吴二鬼不是明子和黑罐，见了三和尚，便直呼："三和尚！"

跟吴二鬼学徒的两个，便偷偷地乐，有一个乐出声来，就使劲地压住。

"三和尚，你昨天刚来过，今天怎么又来了？"

三和尚说："带他们两个来看看你的这套电家伙。"

吴二鬼他们用的是电锯、电刨，连打眼都是电动的。这几套家伙合用一个电机，装上卸下，很简单，干起活来又省劲又快。

明子和黑罐都觉得那套家伙很带劲。这木匠活，无非是锯、刨、凿。如果用了电家伙，实在是件让人快活的事。

"怎么样？"三和尚问明子和黑罐。

可以看出，明子和黑罐都对电动工具非常感兴趣，心里手上都痒痒的，很好地写出了他俩迫不及待的心情。

这明子和黑罐眼见着这板子一块块地锯下刨平，这一个个眼被凿出，都很兴奋，心里手上都痒痒地想亲自试一试。

"让我们动一动，行吗？"三和尚问吴二鬼。

"动吧！"吴二鬼说。

"你教教。"三和尚说。

吴二鬼说："这还用教吗？死人都会。"

三和尚他们三个连干带玩，连说带笑，到了中午，三个人对这些家伙都能把握了。三和尚对明子和黑罐说："我们走吧。"

吴二鬼问三和尚："你到底敢不敢赌呀？"

三和尚说："不敢是孙子。"

"在哪儿？"

"不是说了嘛，到我们窝棚去。"

三和尚笃定地认为吴二鬼他是送上门来找输，正好给自己机会赢钱。

路上，黑罐问三和尚："你们刚才说赌，赌什么呀？"

"赌钱。还能赌什么呀？这帮小子，找输呢。"三和尚说。

他们在路边一个小公园里，随便坐了下来。

三和尚问："我们是不是也买一套电家伙呢？"

黑罐说："要花七百块钱！"

明子说："没有这么多钱。"

三和尚说："不用你们花钱。"

明子和黑罐好像没听清楚三和尚的话，都望着他。

"过个一年两年的，你们都得离开我。到时候，总不能将这些东西拆开来分吧？再说，你们都把钱寄回家了。这笔钱就我一人出吧。"

不等回去仔细商量，当即三和尚就按吴二鬼的指点，领着明子和黑罐把那些电家伙买下了。

打那以后，三个人再干活时，都感到很痛快。明子人聪颖，面对这些家伙，心领神会，把玩时得心应手，仿佛它们就是他发明的。他干活时总显出一番潇洒来。他们的工作速度，比以前显然加快了许多。明子和黑罐跟着三和尚，也就干得格外卖劲：月底分钱时，他们会有一笔好收入。

▶ 有了电家伙，工作效率提高，大家干活卖劲，明子和黑罐期待更好的收入。

月底，三和尚把明子和黑罐叫到跟前："把工钱分给你们。"

明子和黑罐都知道总数，心里早已结了账了。两人笑嘻嘻地走到三和尚跟前。

三和尚很平静地说："从这个月开始，一直到你们出师，钱分四股算。我分两股，这些电家伙得一股，你们仍合分一股。"

笑容顿时僵在了明子与黑罐的脸上。

三和尚将钱分为四堆，然后显出一副理所当然的样子，将其中三堆划拉到自己面前，然后从剩下的一堆里拿出二十块，说："你们每人出十块，算是电家伙的磨损费和修理费。"

明子没说话，掉头走出窝棚。

三和尚对黑罐说："你就给明子拿着。"

黑罐站着不动。

三和尚把那一堆钱往黑罐面前一推："别让风刮跑了。你们应该这么想：我们挣得比过去多。"

黑罐还是站着不动。

三和尚恼火了："你们小小年纪就如此贪得无厌！这

套电家伙，省了你们多少力？！人心不足蛇吞象！"

黑罐只好将钱收起。

明子认定这是剥削，并从心底觉得三和尚耍弄了他和黑罐，再干活时，便消极怠工。这电锯、电刨、电凿本来是合用一个电机，是不可能同时使用的。有人使电锯了，其他两人就得仍然用原先的工具干活。自从电家伙买回来之后，他们就一直是电家伙与原先工具同时并举。而现在，明子手头凡有活，就一律使用电家伙。如果电家伙被三和尚或黑罐用着，他就在一旁磨蹭等待。似乎离开了电家伙，他就不能干活。

这明子与三和尚又暗暗地较上劲了。

明子还暗地里鼓动黑罐也这么干。黑罐人老实，胆又小，怠工了几回，被三和尚看出来了。当三和尚向他投以凶狠的目光之后，他咽了咽唾沫，赶紧用那把老锯锯他的木头去了。

明子不怕，并且有一种报复和破坏的心机。

三和尚就把目光移至眼角，不时抡明子一下。

后来的几天里，三和尚的脾气又变得很坏了。动不动就训斥黑罐，甚至破口大骂。对明子他更是过不去。他每天对明子规定超出往常一倍的任务，非要明子干完了不可。

明子便更有理由占着电家伙。

黑罐悄悄对明子说："她回老家去了。"

明子说："我不管，这跟我没关系。"他不怕三和尚恼火，依然霸占着电家伙。

三和尚冷冷地望着他："你把电锯让给黑罐。"

"那我就完不成任务。"明子不听。

师徒之间，因为金钱产生了摩擦。三和尚贪得无厌，调整分配方式，克扣两个徒弟的工资。与黑罐相比，明子的逆反心理更加明显，从这里也能看出两人的迥异的性格。"暗暗地较上劲"用来形容师徒之间的关系，非常恰当——三和尚毕竟是师傅，是工作的主要承担人，明子当然不能直接翻脸；而明子的冰雪聪明，让三和尚也拿他没有办法。但"冷战"气氛却是非常紧张的，时时有一触即发的危险。

三和尚气坏了，顺手将手中一块两尺长的木头方子砸过来。

明子觉得耳边起了一股凉风，并觉得那木头方子擦了一下面颊，再用手去摸时，只觉得湿乎乎的。他知道是流血了。他没有哭，咬着牙继续锯板子。

三和尚往地上吐了一口唾沫，只好去打他的线。

黑罐从口袋里掏出一张纸来，递给明子，让他将面颊上的血擦掉，被明子一巴掌打掉在地上。黑罐很尴尬，只好低下头去干自己的活。

明子从地上又捡起一块打了线的板子。这时，他看见那板子上有一根长长的铁钉，正扎在线上，禁不住高兴起来。他抱起板子，就对准飞快转动的锯子。那锯子锋利地割着木板，锯末像一股黄色的喷泉一样，朝地上喷着。随着锯口离铁钉越来越近，明子的心也越来越剧烈地跳动着。他的眼前忽然溅出一串蓝色的火花，紧接着就听见锯子与铁钉相磨发出的尖锐刺耳的声响。他紧紧地用腹部顶着木板的一头，绝不让铁钉与锯口松弛下来。那蓝色的火花像火红的铁水倒进冷水中一样，极壮观地飞溅着。此时此刻，明子心中有一种说不出的快感。

当三和尚冲过来推开明子时，那个铁钉已经被电锯咬断，露出亮闪闪的茬口，而那锯齿已经被打歪，甚至打断了一颗。

三和尚没有揍明子，只是向他点点头，还一笑："我算认识你了。"随即声色俱厉，"你放下手中的活，依旧等活去。等不到活，我就倒扣你的工钱！你去吧，立即就去！"

明子头也不回地走开了。

虽然三和尚因为相好的姑娘回老家，处于一种变相"失恋"的状态，内心烦躁，同时明子的顶撞进一步激起他的怒火，但是他直接用木头砸明子，还是很过分。

明子也不是省油的灯，他的报复又快又狠，让三和尚来不及反应。

明子在心里赌气：不叫我干活呀？那太好了！叫我去等活？我偏不去！他先在街上晃荡，忽然想起紫薇来：不知道她的腿治得怎么样了？便坐了车找紫薇来了。

紫薇见了明子，喜出望外，轮椅在屋里来回乱转，为明子又抓果仁又拿饮料地忙个不停。看上去，她的心情很好。

明子问："你的腿好些了吗？"

紫薇不说话，将轮椅转到门后，拿起明子为她做的拐杖放到腋下，兴冲冲地就要离开轮椅。明子一见，立即用手扶着她。在明子的帮助下，她居然真的离开轮椅，用双拐撑住自己，立在地毯上。她朝明子快乐而骄傲地微笑着。

紫薇告诉明子，现在给她看病的医生，使用了最新的医疗手段，并会同一位气功师一起来医治她，效果奇好。每当她躺在床上接受治疗的时候，她甚至能感觉到她的双腿在生长着力量。当她第一回有了这种感觉的时候，她躺在那儿哭了。

"我说过，你能站立起来。"明子说。

"我妈说，我如果真的能站立起来，要特别感谢那个小木匠。"

"我不就为你做了一副拐杖吗？"

"不止这些。"

"就是这些。"明子从未想过太多。

紫薇很富感激之情地望着明子，这使明子感到很不好意思。

当明子从紫薇的谈话中知道，她的父母已经很难再坚

明子对紫薇充满了关切，而紫薇能够站起来，的确是一个奇迹。

对于紫薇来说，明子做的绝对不是一副拐杖那么简单。可以说，是明子寄托在"拐杖"上的鼓励，给了紫薇站起来的勇气。而紫薇也是能够感受到的。

持天天用板车送她去医院，欲要雇佣一个人时，竟然**不假思索**地说："我会蹬板车，我送你去吧。"

紫薇问："那你不等活啦？"

明子想了想说："我有办法。"

当天，明子找到了鸭子，把装着漆板的包交给了他："你能替我等活吗？"

鸭子也是不假思索："能。"他拿过包来问，"那你去干什么？"

"这你别管。"

鸭子说："我知道，你准是去找那个女孩。"

"不准瞎说。"明子叮嘱鸭子，"等到了活，就通知我，但不要让三和尚知道。"

一连过了好多天，明子整天都与紫薇待在一起。早晨，他说要去等活，早早起床，来到那片楼群。紫薇早等在那里了。**他把板车从车棚里推出，把紫薇扶上去，然后，蹬起来就往医院去。一路上，他很少说话，但心情很快活，蹬起来十分卖力，瘦瘦的屁股常常离开了坐凳，两只肩胛一上一下，像发动了的机器似的。遇到上坡，他就拼命地蹬那两条细腿，屁股越发地离开了坐凳。他为自己能在紫薇面前显示这样大的力量而感到兴奋。下坡时，他任那板车自由地冲滑下去。那时，他直觉耳边风呼呼吹过，不禁把平平的胸脯挺直，把头抬起来。每当紫薇问他累不累时，他从不说累。**

紫薇接受治疗时，明子就坐在医院门口守着板车。

回家的路上，明子完全听从紫薇的，并且心里很乐意。一会儿紫薇说路边那一簇簇蓝色的小野花很好看，可掐下一些来，回家插在花瓶里，明子听罢，就把车停下，

"不假思索"一词，能够看出明子对紫薇的重视——他对紫薇的关心，甚至超过了对生存压力的考量。

此处对明子动作的描写可谓传神。"屁股离开了坐凳""两只肩胛一上一下"非常有真实感，将明子认真努力的样子淋漓尽致地展现出来。在接送紫薇的时候，明子无疑是非常卖力的，他甚至有一种在紫薇面前展示自己的想法。也许是男孩的自尊心的展示，也许是像哥哥一般对妹妹的爱护，也许是小小的情愫已悄然萌芽……

跳下车去，跑到路边给紫薇掐下一大束小蓝花来，紫薇抱住时，几乎遮住了脸。一会儿路过自由市场时，紫薇一说那儿好玩，明子就把车蹬过去，直到紫薇说"我们走吧"，明子才蹬起车……这车走走停停，一路上好自在。

有时，紫薇捧着一束花，或舞着刚从自由市场买来的金黄色绸带，小声唱起歌来。她的声音很细很甜。

明子觉得她唱得很好听，特别像李秋云，甚至比李秋云唱得还好听。

明子默默地听着，尽量让车稳稳地向前行驶。

紫薇常常也会长时间地听明子讲他怎么抓泥鳅，怎么在六月的大雨下撵那些在稻地里乱窜的鸭子。

不过，在紫薇面前，明子总是显得那么笨拙，那么容易羞赧，那么局促，像个小姑娘似的，而面对三和尚时显出的那副满肚子主意的"坏"男孩样子，一点儿也不见了。

紫薇总也觉得与明子待不够，总是问："明天，你还能来吗？"

而明子总是说："能。"

这些天，天气也特别好。天空总是一派晴朗，空气里洋溢着草木蓬勃生长时发出的气息。

明子脱掉了桎梏了一个冬天的棉衣棉裤。他从所得的工钱里，拿出一部分来买了一件天蓝色的绒衣，又买了一双白球鞋。他觉得这两件东西，使他变得很有光彩。当他走在阳光下，受着太阳暖烘烘的照耀时，他有一种说不出的舒坦和激动。他觉得自己的身体在成长着，连血液都比过去流得温热和有力了。当他蹬着三轮板车在大路上飞快行驶，甚至把几个骑自行车的人甩到后面时，他觉得自己

李秋云某种意义上成为一种衡量标准，紫薇比李秋云唱得还好听，可见在明子心中，紫薇的歌声非常甜美。

从前文的描写中，我们知道，明子和黑罐不同，他机灵活泼，三和尚更愿意让明子去等生意。但是明子在紫薇面前却像一个羞赧的小姑娘似的，这里面的情感变化值得玩味。作者在处理明子的情感时，是比较克制的，但在许多细节中已经能够看出明子内心的涟漪。

已是一个大人了。意识到这一点，他既感到喜悦，又感到羞涩。

这些日子，可能会使他终生难忘。

他沉浸在一种前所未有的感觉里。

他忘记了与三和尚的不快，同时也忘记了等活。

幸好，鸭子真的等到了两次活。

一天，黑罐把他拉到了一边："明子，你昏啦？你怎么忘了等活啦？"

"你怎么知道的？"

"我看见啦。你小心点，别让三和尚看见了。"

又过了好几天，明子才忽然想起自己原是有事的人。当再蹬车送紫薇去医院时，有点心不在焉起来。

紫薇问他："你怎么啦？"

明子说："没有什么。"

刚开始，明子以"反正有鸭子在替我等活"来安慰自己，但一连等了几天，也不见鸭子，心里不禁有点不安了。而这时，三和尚和黑罐把以前存着的活都已做完，已经断活两天了。这一点，明子没有充分估计到。按他的计算，活还要做一些日子。他没有想到，因为有了那些电家伙，干活的速度实际上比他算计的还要快。三和尚大概正是因为这一点，所以才用等活来惩治他的。很显然，现在要等到比往常多出一倍的活来才行。

明子又等了两天鸭子，然而鸭子终于没来。

这天下午，明子对紫薇说："我得去找鸭子了。"

紫薇望着他："明天，你还能来吗？"

明子不知如何回答了。过了一会儿，他还是这样说了："能来。"

全书中，明子的成长不仅仅局限于身体——他的内心也已经悄悄地出现了明媚的阳光。对异性的小小悸动，也是明子从一个小男孩成长为一个男子汉的必经过程。

明子放下自己的事情，天天送紫薇去医院，但他毕竟需要干活养活自己，养活家人，他明明内心很为难，还要装作若无其事。

在明子和紫薇的相处中，显然紫薇更自我，她可能不能真切地理解明子的处境，或者说她自己的不幸过于巨大，她无力特别体贴明子的困境。

明子赶到等活的地方，并不见鸭子，问其他木匠，谁也不知道，只是说："鸭子都有一个星期没有来了。"

明子又赶到那个老奶奶家。老奶奶一边哭一边说："这孩子一个星期没回来了。"

明子的心情一下子变得乱七八糟。他担忧着鸭子，又惦记着活，还要想着：去不去给紫薇蹬车了呢？最后，他打定主意：明天，最后一次送她去医院。

第二天，当他将紫薇从医院蹬回时，只见三和尚远远地站在小公园的铁栅栏下正盯着他。他只好硬着头皮将板车继续蹬过去。

但，三和尚没有等到他将车蹬近就转身走了。

晚上，三和尚告诉明子："最近三次活的钱，加起来你该得二百五十块。但现在一分也不给。"并很平静地补充道，"你再不等活你就回家去，路费我给。"

九

她走后，三和尚心中空空落落的。他也不想摘下假发，去吼大悲调，因为心中似乎并无悲哀之情。夜晚很难捱，尤其是春天的夜晚。溜大街吧，他又不想溜，一是很无聊，二是不觉之中常常溜出伤感或火气来。没有任何消遣之处，也没有任何消遣手段，天一黑，他的心便惶惶的，虚得很。想与黑罐说说话，又嫌他呆，木讷。**三和尚**

三和尚有时候不得不忍受明子的小情绪，但是他绝对不能容忍明子不好好等活，忘记自己的责任，因为这关系到师徒三人能否在城里生存。明子少年意气，为了送紫薇去医院，就放弃自己的本职，被师傅教训。

与明子之间总笼罩着一种冷战的气氛。他觉得明子这孩子太倔，又太有主意，极不容易驾驭和降服。他一直想用轭头套住他，结果发现自己没有这个力量。非但没有能够使明子顺从他的意志，他反而看出，这孩子是一种潜在的对抗力量。他的思路常常被明子阻碍着，他的计划总是被明子揭穿，再贯彻起来，他几乎要摆出无赖的劲头才行。他在心理上产生了一种压力：明子在精神上压迫着他。作为师傅，他也感觉到自己似乎很喜欢这样的孩子。好马总是有性子的马。但，他仍然被忌恨把持着心灵，绝不肯给明子笑脸。

窝棚里虽然是三个人，但三和尚觉得只有他一个人。

他说不清楚自己心里想不想她，他只是淡淡地记着她的形象：一个比她实际年龄还要小的女孩。相比之下，他还是想李秋云。有时想着想着，竟激动起来，夹杂着的一种情绪就是烦躁。

后来来了吴二鬼他们。当窝棚变成赌场之后，晚上，三和尚再不感到无聊了。他陷进了对金钱的疯狂的抓取里。

后来，黑罐也深深地沦陷了。他再也收不住自己，直到囊空如洗。他跟三和尚借钱，三和尚不借。没法儿，只好央求吴二鬼借他二十元。他把这二十块钱先使劲捏着。过了好半天，才犹豫不决但又很快斩钉截铁地将十块钱押在另一门牌上。眨眼的工夫，那十块钱就不见了。黑罐浑身出了虚汗，眼睛里满是惊慌和反攻倒算的烈焰。

一直躺在河岸上的明子被一阵凉风吹得惊了一下，翻身起来，急匆匆地跑回窝棚，用手揪住黑罐的衣角，将他往外拽。

三和尚和明子之间的纠葛在于，三和尚想要维护师傅的尊严，让明子言听计从，但又起不到表率作用，不能让明子心服口服，只能硬压甚至耍无赖，这样明子反而成为他的精神压力。

虽然三和尚是明子和黑罐的师傅，但是他心里也有无法排遣的孤独，尤其是卖豆芽的姑娘离开之后。背井离乡的苦楚、城市的冷漠与师徒之间的不睦也一直在折磨着他——"略显贪财""脾气火爆"的三和尚，在这里也让人们有点心疼了。

黑罐害怕赌输的焦虑、想要回本的急切，让他"犹豫不决"又"斩钉截铁"——两个看似截然相反的形容词，在黑罐身上同时得到了印证，把他的赌徒心理展现得淋漓尽致。

"干吗？"黑罐不解地问。

"有事。"明子说。

黑罐疑疑惑惑地跟着明子来到窝棚外："什么事？"

"你不能再赌了。"明子说。

"你想说的就这件事吗？"黑罐的眼睛回望着窝棚。

"是的。"

黑罐转身往窝棚去。

明子上前拦住了他。

"你走开。"

"不！"

黑罐推开了明子。

明子用双手抓住了他的一只胳膊。

"我输的是自己的钱！"

"那也不能再赌！"明子把黑罐拽出去十几米远后，
两人僵持着。

窝棚里传出吴二鬼的叫声："黑罐，快回来呀！"

黑罐犹如听到了神的召唤，不顾一切地冲向小窝棚。

然而，明子紧抓不放。

黑罐急了，开始用脚踢明子。

明子抡起拳头，使劲砸在黑罐的脸上。

黑罐踉跄了几下，终于摔倒在地，他坐起来，狠巴巴
地看着明子，继而爬起来又往窝棚走。

明子又抡起一拳砸下去。

黑罐疯狂地反扑过来，与明子纠缠撕打成一团。

明子虽然比黑罐小两岁，但比黑罐有力气。他一边骂
着"二百五""笨蛋"，一边狠狠地揍黑罐。最后一拳，
他把黑罐揍到了路边的浅水坑里。

黑罐这时候财迷心窍，已经听不进劝告，但是明子出于平日情谊，决心要阻止黑罐赌博。

明子和黑罐之间的厮打，明子原本是出于关心，但是最终哥俩似乎只能用打架解决问题，这说明沟通方式有待改进。

黑罐趴在浅水坑里半天没有动弹。

明子忽然后悔起来。

黑罐慢慢从浅水坑里支撑起身体。他的脸上、衣服上都是泥水。他哭了起来："你为什么要这样打我？"他呜呜地哭。

明子默默地垂着两只胳膊，心里想起黑罐许多事来：当自己尿床时，他总是一声不吭地睡着；他心眼太实，有人将他卖了，他会帮着人家数钱……

黑罐站起身来，依然哭个不停："你知道吗？你前天从老奶奶家取回的那封信里说，我爸上个月去医院，查出他得了食道癌了……家里问我能不能再寄一些钱去……我爸要开刀……他大概活不了多少天了……我要钱，要很多钱……"

明子蹲在了地上。

黑罐的身体在月光下一抽一抽的，让人心里好难受。

明子不知道应当对黑罐说些什么。

黑罐抹了抹眼泪，看了一眼明子，走回窝棚里。

"怎么这副模样，摔跟头啦？"三和尚问。

黑罐点点头。

"明子呢？"三和尚问。

"在外面玩呢。"

吴二鬼说："这小子好像有点害怕钱。"

三和尚说："他也硬不了多久了。他很快就知道，钱是个好东西。"

黑罐用手捏着最后一张十块钱。

"押上吧。"吴二鬼说。

黑罐摇摇头，他必须等待时机。他已不能再输了。

黑罐渴望金钱，有自己的苦衷。蹲在身边的明子此刻心也软了，对黑罐的理解，超过了对黑罐的指责。对于黑罐来说，确实也没有太多选择——即便老实巴交的黑罐自己也清楚"赌博"是不对的，但命运的捉弄，让可怜的黑罐一次次陷入困境。这个孩子的遭遇，着实让人同情。

可是，黑罐终于又输掉了最后十块钱，再跟别人借，谁也不敢借。他乖乖地趴下了，踏实了。最初，他很尴尬地傻笑，很快——当他想到自己已分文不剩还倒欠别人款项时，他呆了。他木头人一般坐着，两眼大而无光，全无一点思想的样子，仿佛被一种瘾癖抽空了的空壳。从此，黑罐开始这样不顾一切地积累着财富。只要大脑没有休息——所想到的就是钱。他要钱，绝对要钱。**家中又来信了，说的还是钱。黑罐是个懂事的孩子。他必须要给家里钱，很多很多钱。**

十

一天，三和尚的内裤口袋里少了一百五十块钱！

"这屋里没有第四个人！"三和尚说。此事，他绝不能容忍。居然有人敢打他的主意，并且还是他的两个徒弟或两个徒弟中的一个。

小窝棚里装满了紧张和难堪。

"是谁拿的，给我老老实实地放回来，我算他没有事。"三和尚说，"我绝不允许有家贼！"说罢，他用鞭子一样的目光，在明子和黑罐脸上各抽了一下。

明子端起武侠小说，用舌头掀着其中一页，目光从书上放出去，无所畏惧地截住三和尚的目光。

黑罐回避着三和尚的目光，在嘴里嘟囔着："反正我没有拿。"

一连几天，干活、吃饭、睡觉，谁也不说话。三和尚将脸绷得紧紧的，准备着随时揭露和惩罚谁。

过了四天，三和尚见仍毫无动静，便再一次发作："简直是狗胆包天！别以为我不知道谁拿了这一百五十块钱，我只是看看他到底还有没有一点人样。我说了，再给一天时间，你把拿走的钱给我悄悄送回来，或放在我枕头下，或放在我席子底下，我绝不追究！"

这最后通牒并未发生效应。一天以后，三和尚把床翻了个底朝天，也未见钱回来。他恼怒之极，把枕头和被子统统掀翻到地上。

明子心里堵得慌，他走出窝棚，直往广阔的天空下跑去。

黑罐也畏畏缩缩地走出窝棚，沿着墙根往前溜。

三和尚或许已有了判断，或是选定了分别惩治的办法，首先瞄准了黑罐。

黑罐隐隐约约地意识到了这一点，整天慌慌张张、忧心忡忡，犹如一只觉察到了猎人的枪口的兔子。

以往，三和尚怕黑罐将活给做坏了，稍微有难度的活，一般只叫明子做而只让他做一些简单的活。现在，三和尚将他俩完全颠倒过来，让明子去做简单的活，而让黑罐做大难度的活。

黑罐一面对算料、放料、组合等活，就浑身发热，脑子一片空白。他想使自己的脑子转动起来，可那脑子很滞重，很难转动。于是，他呆呆地看着，浑身出汗，直到额上的汗一滴抢一滴地从下巴颏上滴落下来。

"你是不是在做文章？"三和尚问。

黑罐马上摆出做活的架势，然而脑子却僵了一样没反应。他越是着急，就越是没有反应。到了后来，他连着急都感觉不到了。

"你有些事情做得并不笨。"三和尚说。

黑罐的耳朵鸣叫起来，像树上的蝉声。他似乎听到了三和尚的话，又似乎没有听到，手忙脚乱，全都是些无意义的动作。

明子很可怜他，想上去替黑罐一把，被三和尚用目光制止了。

三和尚偏不看黑罐，只顾做自己的活。

黑罐的思维勉强又运行起来，但很迟钝，往往一个尺寸要计算半天。而以往，他的反应虽然慢一些，但也没有慢到如此程度。

三和尚终于怒冲冲地过来，一把推开了黑罐："你滚开吧！"

黑罐很尴尬地站到了一边，不由自主地将两只手在衣服上一遍又一遍地搓擦，仿佛手上有永远擦不净的脏东西。

分钱时，三和尚将分给黑罐的半份钱，又扣去了一半。理由很简单：黑罐不出活。

黑罐毫无反抗能力，只好跟自己过不去。没有人的时候，他自己揪扯自己的头发，并使劲咬自己的嘴唇，直把嘴唇咬出一道道的血印来。干活时，他充满仇恨地使用着工具。刨子太老，他顽梗着不将刨片重新装得嫩一些，就这么硬刨，结果那刨花像用斧头砍出的木片。锯子钝了，他不磨，只管使劲地拉，差点没把锯条扳折了。那天，他也不知是有意还是无意，把斧头砍在了手背上，顿时鲜血淋漓。

黑罐此时的表现蕴含了很多信息，他变得如此慌乱、迟钝，既有身体原因，也有心理困扰。

黑罐这个搓擦双手的动作，意味深长，后面说"仿佛手上有永远擦不净的脏东西"其实是一种暗示，作者同情黑罐的凄凉境遇。

三和尚慌了，立即脱下衬衫，给他紧紧包住，并拉着他就往医院跑。

明子在一旁扶着黑罐，眼泪不由得含在了眼中。

幸好，砍得还不算太重。但是至少在十天时间里，黑罐不能再干活了。

当只有明子与三和尚两人干活时，明子一言不发。

三和尚似乎有暂时不追究那一百五十元钱的意思，但明子并不因此而对三和尚变得柔和起来。他就是要以一种沉默来让三和尚难受。当三和尚有意对话时，明子不予理睬。三和尚无奈，也只好沉默着。

明子配合沉默的另一行动是：绝对不使用电家伙。理由是不成理由的理由："我怕触电。"唯一的根据是那电家伙前些时因为电线被磨破确实漏过电。但明子并不怠工，非但不怠工，还有拼命干活的样子，仿佛要把黑罐那份被耽误的活也一个人做出来。他狠狠地使用斧头，狠狠地使用锯子，狠狠地使用凿子和一切工具，活干得十分生猛，并富有成效，吃完中午饭，三和尚一般都要找个地方眯一会儿。每逢这时，明子和黑罐便摸牌或做其他一些事情来消遣。现在，明子饭碗一推，就叮叮咣咣地大干起来，那样子不像木匠，倒像铁匠。

三和尚认定这是明子给他脸色看。

三和尚丢了一百五十块钱已很气恼，本想惩治一下黑罐，没想黑罐自伤，使他再也下不得狠心，非但下不了狠心，还似乎有所歉疚，这就使他感到十分窝火。明子如此表现，使他很容易迁怒于明子。他看着那好端端却空闲着的电家伙，再看看明子挥汗如雨地劳作，从心底里希望明子干活时能出点差错。然而明子心明眼亮，看出了这

黑罐的自虐，恐怕是由于沉重的压力。当他受伤后，三和尚的反应、明子的眼泪，说明三个人之间虽然时有冲突，但关键时刻，还是会彼此救助。

三和尚对黑罐受伤也是有歉意的，因而他下不了狠心再去为难黑罐——从这里看出，尽管三和尚有"贪欲"，但并没有被金钱泯灭人性。与黑罐不同，明子相对来说就显得机灵得多。因此三和尚很难迁怒，只能选择"窝火"，伺机而动。师徒两人之间的冷战，颇有意味。

一点。他心灵手巧，把活做得无可挑剔。当三和尚要把过于复杂的活交给他存心为难他时，他很干脆地拒绝："这活，你还没有教我。"三和尚深感自己智慧的薄弱。他在心里发誓：这回绝不轻饶明子！

机会终于来了：三和尚又一次闻到了尿臊味，其时，已是去掉棉被只盖一条薄毯的时节，那气味便遮不住地弥漫了窝棚。

从半夜醒来开始，明子就一直惴惴不安。他真快恨死自己了。这可恶的毛病，把他的自尊心大大地伤害了。他本能地预感到，三和尚将要利用这事，在精神上压垮他并通过折磨他的自尊心而实现自己的报复。

"又是尿臊味！"三和尚走过来了。

明子和黑罐都立即坐了起来，像两只弱小的又心存一线希望的小动物，望着没有一点凶样的三和尚。

"这气味就是从你们这儿发出的。"三和尚肯定地说。

明子和黑罐下意识地用手压住了线毯。

三和尚固执地站着不走："这气味就是从这儿发出的！"他居高临下地望着明子，控制不住的快活从他的眼中流露出来。

他们长时间地对峙着。这种对峙是一种耐力的较量。而明子处在绝对被动的位置上。他已越来越忍受不了三和尚越来越强硬、越来越得意的目光了。袭住他心头的刻骨铭心的羞耻感，一方面增长着仇恨和不屈不挠的精神，一方面使他羞愧得抬不起头来。当三和尚终于不想再等待，欲要动手揭开线毯时，明子忽然大叫起来："那钱是我偷的！是我偷的！"他掀起枕头，找到了自己的钱包，

作为一个男子汉，明子无疑是有自尊的。无论是城市冬日的寒冷，还是师傅三和尚的威逼，都没有办法让他屈服。但是"尿床"作为他的软肋，让他一直耿耿于怀。全书从开头就埋下了这个悬念——如果没有办法改正这个毛病，明子就无法走出心理阴影，就没有办法真正长大。

三和尚在与明子的"斗争"中，总是占不到便宜，而这次他抓住了明子的弱点。三和尚也没想到，明子对"尿床"如此耿耿于怀，以至产生了刻骨铭心的羞耻感。明子宁可承认钱是他偷的，背上偷窃的罪名（即便钱并不是他偷的），也不愿意将自己"尿床"的毛病展示出来。在三和尚的步步紧逼之下，

抓出里面的所有钱，一把摔了出去，只见那票子飞满了一窝棚。

三和尚突然意识到了他的残忍，反而一下子疲软下来。

明子把脑袋勾在胸前，使劲压住哭声。那压抑的哭声便在他胸腔中鸣响着。

他失去了往日不屈不挠的劲头。幸而三和尚良心未泯，意识到了自己的残忍。作者在此停笔——三和尚究竟有没有掀起线毯呢？想必读者们心中也有了答案。

讨 论

▼

> 1 <

为什么有了电家伙，赚钱更多了，师徒之间的矛盾却越来越多？

由于各种各样的原因，三和尚对金钱的欲望愈发强烈了。他买了电家伙，师徒三人工作速度比以前显然加快了许多。月底分钱时，三和尚采用了新的分配方法："从这个月开始，一直到你们出师，钱分四股算。我分两股，这些电家伙得一股，你们仍合分一股。"这样，明子和黑罐分钱的比例大大降低，三和尚还要求他们每人出十块，算是电家伙的磨损费和修理费。明子认定这是剥削，并从心底觉得三和尚耍弄了他和黑罐，再干活时，便消极怠工，还暗地里鼓动黑罐也这么干。三和尚也对两个徒弟愈加不满。

> 2 <

黑罐为什么会参与赌博？

当窝棚变成赌场之后，三和尚陷进了对金钱的疯狂的抓取里。后来，黑罐也深深地沦陷了，他再也收不住自己，直到囊空如洗。明子苦劝黑罐不听，二人开始动手，黑罐被打倒，站起身来，依然哭个不停："你知道吗？你前天从老奶奶家取回的那封信里说，我爸上个月去医院，查出他得了食道癌了……家里问我能不能再寄一些钱去……我爸要开刀……他大概活不了多少天了……我要钱，要很多钱……"但黑罐又输掉了最后十块钱，他已分文不剩还倒欠别人款项，黑罐开始不顾一切地积累财富。他必须要给家里钱，很多很多钱。

〉 3 〈

丢钱以后，三和尚为什么要惩治明子？

三和尚丢了一百五十块钱已很气恼，本想惩治一下黑罐，没想黑罐自伤，使他再也下不得狠心。非但下不了狠心，还似乎有所歉疚，这就使他感到十分窝火。明子心中为黑罐不平，拒绝使用电家伙，并以沉默对抗，三和尚觉得明子有意跟他作对，迁怒于明子。当明子再一次尿床时，三和尚抓住机会，非要翻出尿臊味的来源。他想要揭开明子的线毯，利用这件事在精神上压垮明子，并通过折磨明子实施自己的报复。这个时候，明子大叫起来，承认钱是自己偷的。明子宁愿冒着被当作贼的风险，也不愿意被揭穿尿床，压抑的哭声在他胸腔中鸣响着。三和尚突然意识到了他的残忍，反而一下子疲软下来。

第四章

十一

有一阵，明子变得很孤僻。三和尚让他等活，他就等活，三和尚让他干活，他就干活。晚上，他便独自一人蜷在床角上看他的武侠小说。他甚至连紫薇那儿也不去了。

三和尚的态度却变得温和起来。他把钱还给明子，明子不要，他便代明子将钱寄给明子家了，并对明子和黑罐说："算了算了，也许这一百五十块钱被我自己丢在外面了。"

她从湖南老家又回来了。她责备他："你不该这样对待两个孩子。"那时，她的样子像个小小的母亲。

"这些年，我的心情变得又坏又恶。"三和尚抱着脑袋说，"我管不住自己。"

"往后，你再也不能那样对待他们。他们离家这么远，你本该好好照应他们才是。"她的眼睛里蒙了一层薄薄的泪水。

三和尚好好想了一阵，心里隐隐地有了歉意。

日子过得平静起来。那是盛夏来临之前。天气一直晴朗，常常如人们所说的那样——万里无云。草木正随着阳光的增温，而蓬蓬勃勃地生发着。白杨树开始将嫩黄绿的叶子转成墨绿。河边的芦苇已将浓影映在水面上，并有几枝新芦花慢慢从芦秆中抽出，仿佛刚出壳的鸡雏一样来到还微带凉意的空气中。城市似乎变得鲜艳起来。一街行人，皆换了季节，衣服的颜色和款式都变得丰富多彩。从大楼顶上往下俯瞰，流了一街鲜艳的五颜六色。人们的脸色都变得湿润和活泛起来，眼中也多了许多愉快。孩子们开始提着各种各样的瓶子，往河边和郊外捕小鱼小虾或到草丛里抓虫子去了。到了夜晚，到户外散步的人也多了起来。白日很长，吃过晚饭，夕阳的余晖还未从西边的天空消去，人们在慈和的天色下走着，心情都比以往好。城市显示着生命和活力。

明子的心情渐渐好起来，有了笑脸，并开始和三和尚答话。

黑罐依然在专心致志地积攒着钱财，但少了过去那副卑下感、猥琐相，而变得大大方方。他常常有滋有味地用小铁棍敲着易拉罐归来。他丝毫也不掩饰自己的心思：我要钱，要很多很多钱！他的父亲已经开刀，来信说手术做得不错，而动手术的钱绝大部分是他寄回的。什么也不如人的黑罐，因为这一点，而感到莫大的安慰和自豪。他也能养活家了！当然，有时他想起一些事情来，心里还很羞愧。

明子又开始去看望紫薇。

紫薇的腿在一日一日地见好。她常常感到一种类似于电流那样的东西从她的腰间，向下肢乃至向每一根脚趾放射着。她感到麻酥酥的，甚至有微微的疼痛感。医生说，这一点很重要，这证明着，感觉正在可喜地生长着。

▶ 黑罐也有了明显的成长——在工作之余，他通过捡易拉罐换钱，为父亲垫付医药费。是他辛勤工作，给家里带来了希望，黑罐当然有理由自豪！但"想起一些事情来，心里还很羞愧"这一句值得玩味。黑罐究竟在羞愧什么呢？是偷木材的错误，还是之前自己沉迷赌博的行为，抑或是偷了师傅的钱？作者将个中原因隐藏在了字里行间。

明子在公园的草坪上再次见到紫薇时，她已经能够丢掉拐杖站立在那儿了。

"走一走吧。"明子鼓动她。

她摇了摇头："我不敢。"她伸开双臂，努力保持着平衡，像一只刚刚落下还未站稳而打开双翅的鹤。

明子将拐杖的一头伸给紫薇，自己抓住另一头："我搀着你。"

"我怕。"紫薇摇晃着身体说。

"别怕。"

"那你用手拉着我吧。"

明子犹豫着，但见紫薇那既害怕又渴望行走的神情，就将手僵硬地伸给了她。

此处表现出明子的犹豫和僵硬，他从小在闭塞的小豆村长大，更为保守、羞涩。

紫薇便将明子打满老茧的手紧紧抓住了。她试着想挪动一下脚步，但身体晃悠起来，眼看就要站不住了，她的另一只手也本能地伸向了明子。

明子同样本能地伸出另一只手，将她的手抓住。

紫薇终于又站定了。

这是明子第一次接触紫薇的手。明子的心慌慌地跳，脸上有一种火烧的感觉，他的那双由于劳动又缺乏保护而变得粗糙、敏感性不强的手，仍然真切地得到了关于那双小手的印象：柔软、温暖、乖巧而安静。明子不明白，当时为什么想起了小时候到草垛去抱草，发现两只小鸡雏，他一只手捉住了一只时的情景。

精妙的比喻。明子握住紫薇的手，就如同捉住小鸡雏时候一样。这是一种温柔的感觉，是害怕弄疼心爱之物的感觉——很显然，明子的心里已经萌发了情感。

她的手有点微微发颤。

明子的心有点微微发颤。

"我还是走不了。"

"走得了。"明子慢慢往后退着，"走，走……"

紫薇在脑子里用力，竭力想把命令发布到双足。那左脚居然真的向前挪动了一下，尽管微不足道，但她毕竟迈出了第一步，她不由得激动起来，满脸通红。

明子却觉得她的手由于激动而变得凉阴阴的。

"我能走？"

"能，已经能了。"

紫薇克制不住激动，竟然浑身发颤，像风中的一片树叶，这使得她本来就很软弱的腿更加软弱，两只手便使劲抓住明子的两只手。

明子竭力用手将她向上撑着，以免她倾倒在自己身上。

她终于慢慢平静下来。

"走。"明子说。

她迈动了第二步、第三步……步伐极小，而且颤颤抖抖，但她已明确地看到了希望的亮光在她的眼前闪耀。她的心在怀里欢快地跳动着，嘴巴微启，发出微微的娇喘。

明子的脸上，觉到了一种温热的气息，同时，他那么近地看到了她那张长着茸毛的脸和那双夜一般黑的眼睛。他不禁将头低下，只把目光看着她的双足。

紫薇如同在薄冰上走着，充满着紧张和激动。她站住了，仰望大楼，大声叫起来："爸爸——妈妈——"当她想到此时爸爸妈妈并不在家时，转而变成小声的自语，"我能走了，我能走了……"

明子拉着紫薇的双手，直到她走累了，重新坐到轮椅上。此时，他的双手已汗津津的。

紫薇心存感激地望着明子。

▶ "风中的一片树叶"，不仅写出了紫薇的单薄柔弱，更写出紫薇此刻激动到难以自抑的状态。

▶ 面对紫薇，明子在讲述小豆村时滔滔不绝，但凡与紫薇比较靠近，明子总是忍不住害羞。

黑罐找明子来了，说三和尚让他回去。

"有事吗？"明子问。

"他让你回去。"黑罐说。

明子告别了紫薇。

十二

一晃就进了盛夏。

草木生长蓬勃。水边的芦苇茂密如一堵围墙，使下水游泳的人，不得不用双臂使劲分开。一些人不常到的小径或野路，那野草疯了似的蔓延，叫偶然过路的人没了双膝。即使人来车往的大路边的白杨，也多出许多枝条。这盛夏的颜色倒也单纯，就是绿，仙人掌一般的暗绿，一片浓荫，蔚为一片绿天，人行走于其间，连衣服仿佛也微微显出淡绿。

就在这一片绿色里，行出紫薇的轮椅来。

这条路线，是过去明子常推着她走的那条路线。但，今天推着轮椅的却是另一个男孩。

紫薇很安恬地坐着，穿一身洁白的连衣裙。在这绿色的背景下，给人一片明亮。她的神态宛如一位圣洁的公主。

蝉在路边的树林里正起劲地吟唱。

那时，是下午五点钟的光景。明子等到了两份活，便早早回来了。当他快要走到那片楼群时，他看见了紫薇和

紫薇的身影，给人明亮而圣洁的感觉。这恰好与下文明子寒碜甚至略显脏乱的穿着形成强烈反差。

那个男孩。

"明子！"紫薇先喊了他，并用劲转动轮椅，朝他驶来。

当时，明子上身穿一件有许多油漆斑点的背心，下身穿一条短裤，那短裤的裤脚已经掉线而裂开着，肩上挎了一只装有漆板的布包。他已在这炎热的夏天劳苦了一天，衣服上汗渍斑斑。脸、胳膊和两条腿，在沾满尘埃后，汗水的流淌将皮肤弄得黑一道白一道。中午阳光的强烈暴晒，使他感到脸部刺挠挠的，便用手去抓挠，到现在还有一道道红杠。看上去，他很疲倦，很脏，并且那副形象有点滑稽。因此，当紫薇像一只洁白如雪的白鸽落在他眼前时，他觉得自己十分寒碜，手脚顿时变得生硬、多余。他朝她很不自然地笑着。

那个男孩走过来了。他穿着一件宽松的高级T恤衫，脚蹬一双白色的高级旅游鞋，皮肤白净如一个女孩，眼睛不大但明亮，并有一股咄咄逼人的神气，两片薄薄的嘴唇紧闭着，显出一种少年的矜持，两条长腿预示着一个未来的骑士。

明子望着高出他一头的男孩，觉得自己更加矮小。

"他就是你说的那个小木匠？"男孩将双手轻放在轮椅的背上。

紫薇点了点头。

"你好！"男孩微笑着对明子说。

明子长这么大，从没有向人问好的习惯。老家的人见了面，总是问："你吃过饭啦？"要不就说："你早啊。"没有人见了面说道："你好！"因此，当明子被问好后，他不知如何作答了。好在进城也有这么长时间

男孩则是文中的另一个对比项。"高级T恤衫""高级旅游鞋"，从衣着上就明显与明子拉开了差距。而高挑的身材与优雅的举止，更是明子所无法企及的。

了，对这一礼貌也能勉强用一下了，局促了一阵，他也回问了一声："你好。"

这之后，有片刻的沉默。

紫薇说："跟我们一起玩一会儿，天还早呢。"

明子不知道是答应呢还是不答应。血直往他脑袋上涌，脑袋有点胀。

"走吧。跟我们玩一会儿吧。"

明子想了想，道："好吧。"

男孩依然用双手扶着椅背，像是扶着一辆属于自己的豪华轿车的方向盘。

以往，明子遇到紫薇，总是立即过去扶住椅背的。他下意识地走过去，可是抬头看到男孩的"主人"神情时，便闪到一边。

男孩微微低下头来问："薇薇，你愿意去哪儿？"

紫薇微微仰起脸来："去河边吧。"

男孩极轻松地推着轮椅，看得出，他的感觉极好，像一个王子推着一位受伤的天使。

明子挎着那只装满漆板的布袋，走在旁边。他的左脚上的凉鞋的带子已断，因此，那凉鞋总是不跟脚，并且警告着明子，他不时时刻刻地想念着它，它便会在他一抬腿时，吧嗒一声从他脚上掉在地上，使他一只脚有鞋，一只脚光着，很难看地往前走一步。他小心翼翼地走着，尽量不过高地抬腿，又尽量走出正常的走相来。

紫薇与明子已有一段日子不见面了，因此，倒也把注意力放在明子身上，这使明子稍微自然了些。

"生意好吗？"紫薇问。

"挺好的。"明子说，"活很多，忙也忙不完，有时

面对这个男孩，明子不由得自卑，他不好意思与他争夺推轮椅的权利，虽然为紫薇推轮椅已经成为他的下意识行为，此刻却"闪到一边"，此刻的明子紧张且尴尬。

王子和天使，都是童话里美好的形象。然而下文笔锋一转，明子在担心的却是脚下的鞋子。这一部分写得特别细致，让人在哑然失笑的同时，对明子也有了更深的同情——明子与紫薇和男孩的世界有很大的距离。

夜里要干到十二点钟。"

"鸭子找到了吗?"

明子摇了摇头,心情有点难过起来:"不知他去哪儿了。"

"黑罐呢?"

"去干活了。"

"他人真老实。"

"太老实。"

紫薇与明子对着话,男孩倒也没有什么不快,但轻轻吹起口哨来。他的口哨吹得很好,一忽儿高一忽儿低,低音往高音上去时,那么轻轻一扬,很优雅地就上去了。他似乎也知道自己吹得好,便吹得很有节奏,那节奏又仿佛是为轮椅在这绿色之中旋转而配的。

明子很惭愧。他只能在春天时从柳树上撅一截柳枝,抽了中间的茎,只留下皮来,然后做成柳笛吹,却怎么也不能拢起嘴唇就吹出那么悠扬动听的曲子来。

男孩仿佛知道明子不会吹口哨。

"你的腿怎么样了?"明子觉得应赶快问话。

紫薇说:"我已经能走好几步了,只是两腿还是有些软。爸爸告诉我,医生对他说了,只要我肯锻炼,再过几个月,我就能走路了。"她望着前面,想象着说,"要是今年秋天,我也能上学,该多么好啊!"

男孩的口哨在紫薇与明子沉默时,吹得响亮了一些。

这曲子活泼、诙谐,并且是欢快的,与紫薇的心情正相契合。她熟悉这支曲子下的唱词,并且很喜欢唱。那是一支英国儿童歌曲,名叫《唱支六便士的歌》。

柳丝不时从紫薇面颊旁掠过。天空无比高远,令

这一段,明子已经有意去和男孩比较。但很显然,他又落了下风。

人神往。

　　每当想起不久的以后，紫薇总按捺不住内心的喜悦和激动。她已经相信，不久，她就将会行走。失去的一切，都会重新回来。她自己会走到阳光下，走到长风中，走到一切她想走到的地方。她又是一个健全的女孩，并且很漂亮。她感到自己已经长大了，诗意的、多梦的青春已经朝着她走来。她必须站立起来！想到就要结束这似乎永恒不改的孤独和寂寞，她曾在夜里用泪将枕巾弄湿。

　　男孩的口哨响在天空下。

　　紫薇禁不住轻声唱起来。那唱词十分有趣："唱支六便士的歌，麦粒一满袋。二十四只黑乌鸦烤馅饼里摆。当那馅饼一切开，鸟就唱起来，真是一盘国王用的丰盛的好菜。那国王正在账房里把他的财宝算。那王后正在大厅里把那蜜糖尝。那女佣正在花园里，把那衣裳晾，飞下一只乌鸦就啄去她鼻梁。"唱完了，紫薇禁不住咯咯咯地笑起来。

　　明子觉得那唱词东拉西扯的好奇怪，也跟着笑起来。

　　男孩懂得很多："这是一支有名的谐趣歌曲。"并从这一刻开始，他一直掌握住了话头，直到明子离去。

　　紫薇的感觉里也渐渐只有那男孩了。

　　男孩讲了许多明子闻所未闻的事情，又讲了许多显然紫薇也感兴趣并且在行而明子一点也不明白的话题，比如音乐，比如卡拉OK，比如伦敦，比如"小虎队"，比如美国西部片，比如澳大利亚的种牛场……紫薇知道得很多，那男孩知道得更多，两个人谈得很投机，并不时有一点争论，而每次都被男孩更丰富的知识征服了，紫薇只是微微羞涩地点点头，但很高兴，仿佛她喜欢他比她知道得多。

此刻紫薇有没有感受到明子的心情呢？恐怕并没有。紫薇把明子当作一位帮助她的朋友，仅此而已。紫薇渴望的，是自己能够快快恢复健康。至于其他的事情，她并无太多心力顾及。

情感上的逐渐疏远，往往起源于共同语言的渐渐减少。"紫薇也感兴趣并且在行而明子一点也不明白"这一事实，再一次强调了明子和他们的距离遥远到甚至没有太多共同语言。毕竟紫薇对小豆村的兴趣，或许只是对陌生乡村的好奇而已。

明子呆呆地跟着轮椅。他不知道他们谈些什么。他低着头，用眼睛望着脚上的鞋，望着脏兮兮的没有遮掩的腿。有时，他也跟着他们笑一笑，但不知笑什么。他不知道自己该怎么摆脱这种处境，没有主意，也没有判断，只是木然地跟着走。

男孩一直那样轻松地推着轮椅车走在绿荫下，并且总是不停地与紫薇对话。有时，很长时间，紫薇只是很温柔地很宁静地听着，让男孩一人说去。

明子渐渐落在了轮椅后面，可他还是不知所措地跟着。

紫薇终于想起了明子，回头叫道："你快点来呀！"

明子不敢快，怕那只凉鞋掉下来。

紫薇催促他："你走快点呀！"

明子刚想走快点，那只凉鞋便真的掉下来了，他便回头去捡，脸上一阵火辣辣的。他索性把另一只凉鞋也脱下，两只鞋一合，夹在腋下，光着脚丫子小跑过去。

"你不怕硌脚？"紫薇问。

明子说："不怕，在家里时，总得光脚走路的。"

男孩看了一下他的脚。于是，明子觉得自己的脚仿佛不是自己的，而是接在腿上的木头做的脚。

这时，有两个小伙子撵着一条大狗从河边跑过。

男孩便又去与紫薇说话了："你听说过吗？1985年，在美国西弗吉尼亚州普林斯顿发生了一起法院审狗的奇闻。受审的是一条叫波的四岁的狗。它被三位居民指控咬伤了他们的狗。开庭的那一天，整个法庭座无虚席。法官、陪审团、辩护律师、被告、原告、'证狗'，应有尽有。审讯的程序与一般审讯完全一样。可波在整个审讯

▶ 断带子的凉鞋真的掉了下来，这让明子感觉自己在紫薇面前出丑，因为男孩的在场，这份"洋相"更加恼人。明子"脸上一阵火辣辣的"，觉得脚不是自己的，写出了明子又羞又恼，但又只能忍耐的情态。

期间表现得特别温驯。最后，法官威廉·比尔斯宣布波无罪，理由是从波在法庭上的表现来判断，它不是一条恶狗。"

紫薇又咯咯咯地笑起来。那男孩真是无所不知，并且总能使紫薇快乐。看得出，他也很想紫薇快乐。

明子压根儿插不上话。天很热，两只鞋夹在腋下很不舒服，他就一手提了一只，像一手提了一条咸鱼。他也不知道自己怎么做才能好看一点。极无趣地走了好一阵，他终于说："我要回去了。"

紫薇想了想说："那好吧。"

明子正要走，紫薇忽然想起一件事来，用手指了一下那个男孩说："他叫徐达。他爸和我爸是好朋友。他爸在美国。前不久，他妈也到美国去了。因为高中没有念完，他不能跟着去。现在，他就住我们家。你有空，来找我们玩吧。"

明子点点头。

叫徐达的男孩一扬手，说了声："再见。"

明子也说："再见。"说完了，赶紧掉过头去，往小窝棚走。

明子遑遑地走着，仿佛身后那块地面马上就要塌陷。估计走出了紫薇和徐达的视野，明子放慢了脚步，一脸沮丧，两只胳膊瘦弱无力地垂挂下来，两只鞋仍拎在手中一晃一晃的。他低头看了看它们，手一松，它们便都落在了地上。他犹豫不决地望着它们，不知道到底还要不要它们。他有点恼羞。这情感积聚了一会儿，便成了恼怒。他对其中一只狠狠飞起一脚，只见那只鞋被踢飞到空中，然后像一只被枪击中的乌鸦，"扑通"一声落在草丛里。还

明子此刻的难堪与无趣逼他离开，明子的骄傲与自尊逼他离开，但是心底对紫薇的不舍又让他坚持，所以作者用了一个词"终于"，看来离开也是心理斗争的结果。

明子主动选择了离开。但对他而言，要完全放下是非常困难的。因为他的心被紫薇融化过。
这里作者用墨甚多，非常细腻地将明子情绪的变化写了出来。明子一开始是"沮丧"的，后来变成了"恼羞"，直到最后变成"恼怒"，靠砸鞋子来发泄。明子"恼怒"的是什么呢？从表面上看是他的鞋子。如果鞋子没有断，那他可能也不至于太"难堪"。但细品文字，可以发现，其实他"恼怒"的，是自己，是自己的生存境遇。

剩一只躺在那儿。他一弯腰将它捡起，然后如扔铁饼，转了好几个圈，突然一抛，那鞋越过树顶，飞过一道矮墙，落进路边一个什么机关的大院里去了。

明子回头看了一眼，早不见紫薇和徐达了。不知为什么，他又希望能远远地看到他们，但要他们看不见他。天还早，他在路边坐下了，屈着双膝，然后将下巴放在双膝间，一副灰心丧气的神态。

这时，有一个声音，将他救出了这番低沉的情绪："明子——！"

明子抬头一看，只见跑过一个男孩来。当他认清了那男孩的面孔时，不由得两眼一亮，霍然跃起："鸭子！"

确实是那个失踪了的鸭子。他一口气跑到了明子跟前。

明子双手搂住他的脖子。

鸭子也紧紧抱住明子的腰。

两人又蹦又跳。

疯狂一阵之后，明子才想起来问鸭子："你去哪儿啦？把人急煞啦！"

鸭子说："那天，我在街头上被警察抓了。他们问我是哪儿人，我说我不知道。他们问我都有什么亲人，我就对他们说，我有爸爸和两个哥哥，后来走散了。我被关了起来。过了好多好多天，他们说，经调查，几年前曾向湖北一个地方遣送过三人，也是一个父亲两个儿子。那父亲当时就说他还有一个小儿子，但找了很长时间也没有找到。他们想，我可能就是那个小儿子，他们特地派了一个人，把我送到湖北。那鬼地方很远很远，下了火车，还坐了一天汽车，半天轮船，又步行半天，才找到我

> 鸭子的及时出现，将明子从低沉中拯救出来，在鸭子面前，明子是自由放松的。不论是拥抱的热切，还是又蹦又跳的疯狂，都可以看出二人情谊深厚。

非常有生趣的对话。相看两生厌，那必定不是父子。

'爸爸'……"

"找到啦？"

鸭子说："那个'爸爸'看了我半天，说：'我儿子长得可比他漂亮多了。'送我来的那个人问我：'他是你爸爸吗？'我说：'我爸长得绝对没有他这么丑。'那人没办法，只好把我又带回来了。下了火车，我趁他不注意，跳下站台，一口气钻过两列火车，翻墙头就跑了。"

"他们怎么还允许这只鸟在？"

"那些大盖帽特好。一个年纪大的，是当官的，说：'他还是个孩子，不准伤害了他的鸟。'"

明子细看鸭子，觉得鸭子长高了一些，也长大了一些，心里很高兴。他为什么喜欢鸭子？他自己也说不清楚，就是觉得鸭子有趣、可爱。他像是分别了若干年，忽然见到了小弟，心里很动情："我总是找你。"

"奶奶说了。我也特别想见到你。"鸭子说。这无家可归、举目无亲的鸭子，在茫茫的人海里，却认上了明子。记得刚一见面时，他们就很亲切，仿佛他是明子的一个走失了的弟弟。他就是喜欢跟明子待在一块儿。

两人没完没了地说着话，天快黑了，还不肯分手。

非常有生趣的对话。相看两生厌，那必定不是父子。

鸭子对明子实在不错，帮明子干活，买了自行车也给明子骑，有好吃的鸡腿也不忘明子。陌生的城市，茫茫的人海，他们的相遇也是一种缘分吧。这也为下文明子出师后，收下鸭子做徒弟埋下伏笔。

十三

这是一个令人烦闷、焦躁的夏天。有一阵，一连许多天，热浪滚滚，仿佛是从酷日下的沙漠吹来的风。中午时的白杨叶被晒蔫了，疲乏地耷拉着，柏油路面被晒得油浸浸的，甚至稠糊糊地流动起来，把笔直的斑马线流成曲线。路边到处是冷饮摊，仿佛是在暑天设下的一个个急救站似的在随时等待一个渴得发昏的人。正午时，汽车喇叭声穿过热气传来，让人觉得烫烫的。傍晚，夕阳西沉，将西方天空烧成红色，仿佛那里是一片火海，是火光映红了天幕。黄昏里，蝉噪一片，如同千滴万滴雨珠打着一片干柴。

真是个苦夏。

明子他们苦撑苦熬了一个夏天，一个个都瘦了一圈，也黑了许多。钱挣了一些，肉掉了许多。明子干活最拼命，因此，也就瘦得最凶。他本就瘦弱。苦了一个夏天，便愈发地瘦，当秋天来临时，走路轻飘飘的像一片落叶。

这个季节里，他常常惶惶不安、焦灼不宁。他弄不清楚这是为什么，又常常生气，常常被一种空虚压迫着。于是，他就不要命地干活，使三和尚摸不着头脑，误认为明子大了，学好了，不由得心里高兴起来，并叫黑罐向明子学习。

▶ 要放下紫薇谈何容易！明子失魂落魄，其实正是他"失恋"的表现。但三和尚又怎能明白呢？

一个夏天，明子没有去看紫薇。他想过去看看她，可又放弃了这个念头。他总想起自己的窘相和处在难堪境地时的迟钝与无能。每逢想起高高的英俊的徐达，他便有一种不期而然的压抑感。有一段时间，他自己觉得他已把紫薇忘了，心里平静了好些日子。

▶ 在徐达面前，明子感到自卑。他因此不敢再接近紫薇，努力地用时间去掩埋失望与忧伤，不从楼群经过，改变乘车路线，可以看出明子心底深处的在意与压抑。

这些日子，明子甚至没有从那片楼群走过。后马路又开了一路汽车，他改变了乘车的路线。

不知为什么，这一天，明子又想去看看紫薇，并且这一念头在下午收工回窝棚时变得固执起来。理由是：看看她能行走了没有？

当快要走进那片楼群时，明子很仔细地检查了自己的鞋。

三和尚说他还没仔细地瞧过那个女孩，想看一看，问明子："行吗？"

黑罐跟着说："我也没仔细地瞧过她。也看看她，行吗？"

明子很坦然："这有什么不行。"

"那你把她叫下楼来，我们在一旁看着。"三和尚说。

"嗯。"明子答应道。

但没用叫，一进楼群，就瞧见了紫薇。当然也同时瞧见了徐达。

紫薇上身穿一件淡绿色的绒衫，下身穿一条发白的牛仔裤，给人一种健康的印象。那辆似乎要与紫薇终身相随的轮椅不见了。她甚至没用拐杖。她居然真的能自己行走。她似乎要和徐达到一个什么地方去。她的手上抓着的，是明子初春时给她掐下的那枝芦花。明子知道她在高兴时，常常拿着这枝芦花，仿佛它成了她的一件装饰品。

是紫薇先喊了明子，并主动朝明子走来。

她走得还不特别轻松，但走的样子已经很好看了。

"你为什么不来玩？"她问。

"活忙。"明子答道，"那是我师傅和黑罐。"

紫薇回过头去朝他们微笑着。

"你能走路了。"明子说，"真好。"

紫薇说："还要谢谢你呢。"

"谢我干吗？"

（左侧批注）

细节的描写非常有趣——上次鞋子让自己出了洋相，这次可千万要小心。可见明子对上次的事情是耿耿于怀的。

此处描写了紫薇的变化与她的青春健康。作者在这里特别设置了芦花这一意象。这芦花是明子为她采来的，它是回忆，同时象征着明子与紫薇之间的联系。

"我爸爸妈妈都说要谢谢你。"她想了一想说，"你在这等我一会儿好吗？我回家一趟。"说完，掉头就走。

三和尚对明子说："我们先走了。"

黑罐对明子说："我等你吧。"

三和尚拉了一下黑罐："你跟我回去弄晚饭。"

当明子抬头看到徐达时，他突然叫道："黑罐，等我一块儿走。"

黑罐站住了。

但三和尚在黑罐的后脑勺上轻轻一拍："二百五！"往前一推他，"明子难道会被狼叼去吗？"

黑罐看了一眼似乎有点发虚的明子，糊里糊涂地跟三和尚走了。

▶ 三和尚通人情，早就明白了情况，而黑罐则显得木讷许多。但黑罐的木讷，也正是他的善良之处——他总是惦记着明子，生怕明子受到伤害。

"你好。"徐达走过来，向明子打招呼。

"你好。"明子说。

"干活刚回来？"徐达问。

"嗯。"

徐达穿了一件白色的羊毛衫，手腕上松松地戴着一块黑晶晶的手表，人显得格外有精神。

明子又感到了一种无形的压力，记忆里又唤醒了第一次遇到徐达和紫薇时的经验。他努力镇定住自己，显出大大方方的样子来。他又有了"早点离开"的念头。

▶ 在徐达面前，明子始终抬不起头来。他的压力，来自无形的自卑。

"我有一对从西班牙带回来的信鸽，你能帮助我做一个鸽笼吗？"徐达问。

"鸽笼谁都会做的。"明子说。

"不，我想请个木匠做。"徐达说。

"我们不做鸽笼。"明子说。

"这很奇怪。"徐达微微一耸肩。

明子强调"木匠活"是对自己身份的确认，他将自己的尊严与职业尊严联系在一起。

"什么样的家具我们都能做，只要有图纸。但就是不做鸽笼。因为那不是木匠活。"明子重重地咬着"木匠活"。

徐达伸出长胳膊，用手抓住铁栅栏，然后摆出一副优雅的姿势仰望楼上。

明子觉得自己有了些力量，有点能把握自己了。他坐在铁栅栏下的椅子上，不去理会徐达，耐心地等待着紫薇。

徐达回过头来说："薇薇能走路了，我们都非常感谢你。"他很自然地说着"我们"，仿佛他是紫薇的哥哥或保护人。

明子的心中泛起一股说不出的滋味。

紫薇终于下来了。她对徐达说："你在前面先走，我们马上就来。"

徐达说："好吧。"便独自先走了。

"我们边走边说，好吗？"紫薇问明子。

明子站起来，点点头，表示同意。

"你好吗？"紫薇问，口气像个大人。

明子抬头看了一眼她。他觉得她确实像大人了。她的个头要比明子高一点，眼睛、嘴角、微微翘着的鼻翼以及她的神态和举动，皆流露着青春的气息。明子低下头去回答她："好。"

他们似乎没有太多的话好说，各自都在找话说。

徐达一直在距他们五十米远的地方走着。明子站住说："你们走吧，我该回去了。"

"跟我们一起去玩吧？"

"不了。"

紫薇从口袋里掏出一只信封，递到明子前面。

"是什么？"

"你打开看看就知道了。"

明子用两只手指往里一夹，夹出一沓钱来，忙问："给谁的？"

"给你的，是我爸爸妈妈要给你的，都放在我抽屉里快两个月了，一共二百块钱。"

"为什么要给我钱？"明子不明白地问。

"爸爸说，你为我付出了许多劳动，早应当感谢你了。"

明子的鼻子酸溜溜的。他把钱重新塞回信封，递给紫薇："我不要。"

"收下吧。"紫薇说，"妈妈说，以后如有困难，就来找我们。"

明子执拗地将信封伸在紫薇面前，仍然是三个字："我不要。"

紫薇说："你把这笔钱早点寄回家去吧。我爸好几年前曾去过你们老家那个地方。他说你们那儿很穷很穷。他去过一个小学校，说那个学校的学生的课桌都是泥垒的，在上面掏个洞，算是抽屉；一个女孩都八岁了，还没裤子穿……爸爸说，你们那儿的人挺可怜的。"她把信封拿过来，塞到挎在明子肩上的包里。

明子的头垂得很低很低。

紫薇看了一眼徐达，对明子说："他在等我呢。我走了。再见，明子。"

"再见。"明子没有抬头。因为他的眼睛里正噙满泪光。

> 或许此刻明子也明白了，紫薇对他的情感，并不像自己对紫薇的那般。紫薇出于感谢、同情，而并非爱慕，明子坚持不要，是因为自尊，更因为受伤的情感。也许紫薇的话并没有恶意，但是这依然极大地伤害了明子的自尊。毕竟用钱表示感谢这种方式本身是否合适，不仅仅要看赠予者的心意，也需要顾及受赠者的尊严。很显然，在这一点上，无论是紫薇还是她的父母，都没有太体贴明子的心情。紫薇转述爸爸的那段话，某种意义上是极为失礼的，这让明子抬不起头来。明子眼中噙满泪光，他感觉不论是自己，还是自己的家乡都被这个自己倾心相待的女孩"可怜"着。

紫薇举着那枝芦花追上了徐达。

明子抬起头来透过泪幕望去时，只见徐达正在为抢到那枝芦花而与紫薇追逐着。

徐达终于抓住了紫薇的一只手。紫薇咯咯地笑着，身子半仰在徐达胸前，但仍不交出那枝芦花，而将它举在半空中挥舞着。这时，一个景象出现在他们面前：那芦花放久了一点，当被劲一挥舞时，花絮便抖落下来，在阳光下飘动飞扬起来。他们不再争夺这枝芦花，而欣赏着这美丽的飞絮。它们是银色的，绒绒的，随着气流，往空中慢慢地飞去。

紫薇大概想起了在草地上吹蒲公英花，便将芦花放在嘴边猛一吹，只见又是许多花絮飞扬起来。

徐达拿过来也吹了一口，这一回，吹下一蓬花絮来，像无数小鸟的羽毛在空中飘，一闪一闪地发着亮光。

两人我一口、你一口地吹着。紫薇仰望着飘去的花絮，样子很兴奋。不一会儿工夫，就把那枝芦花吹得只剩一根光杆。这时，紫薇看了看光杆，然后假装生气地将它往地上一丢："就怪你，就怪你。"

徐达说："河边芦花有的是，我可以给你掐一大把。"

两人很快乐地朝河边走去了。那时太阳正在西沉，将他们照成两个修长的剪影。

明子一直望到他们消失在阳光里。

黄昏里，明子双眼弥漫着泪水掉转身去。他不想立即回到小窝棚里去。他不愿让三和尚和黑罐看到他的神情。沿着大街，他漫无目标地往前走去。嫉妒、自卑、昂奋、羞耻、怅然若失……种种情感交织在一起，占住了这位

看到徐达和紫薇将自己送的芦花吹成光杆，丢在地上，明子的感情再次受伤。

某种意义上，紫薇给予了明子进城以来难得的温暖与善意，但随着紫薇逐渐能够独立行走，有了新的朋友，明子开始变得不重要，这对明子来说，是更重的打击。

十七岁的少年的身心。

路边白杨被秋风所吹，翻着淡银的叶儿。路边矮墙上，不知爬着一种什么藤蔓植物，一枚枚叶子皆变成红色，而且红得就如那血红的残阳。清凉的秋风，早把暑天的痕迹吹尽，秋正在一寸一寸地变深。

暮色中，明子又茫然地走进了那个大得似乎无边的公园。

被蝉所喧闹的林子，已是一片安静。树木正在无声呈现着秋之颜色、秋之形状。繁茂、葱绿正在逝去，一草一木显出清瘦来。暮色中，那西南面的远山，隐隐约约的，让人觉得也瘦了许多。

明子走累了，就坐在水边的亭子里。

那亭子一直伸到水上。两侧一溜下去，皆是向水上倾斜的垂柳。都是些老柳树，树干弯曲成各种形状，树根交错，被那浪冲来刷去，许多露了出来，像是老人扩张着暴凸的血管。湖水很满，几乎就要满上岸来。

明子将身子斜倚在亭柱上，漠然地望着湖水。

天黑彻底后不久，天空下起雨来。

四周无一丝亮光，明子看不见雨，一时心思全无，便全神贯注地听起雨来。

雨不大，很均匀。落在水上，水面上便发出一片叮咚叮咚的水音；落在树上，就发出沙沙沙的声音，宛如春蚕在咬噬青桑。在这些声音中，有一种声音听来不免叫人伤感。那便是雨打残荷的声音。那声音是干燥的、沙哑的。

听着雨声，明子不由得想起家乡的雨来。

家乡的雨总是下得很好，很迷人。明子喜欢雨，尤其

▶ 一个人一直在寒冷中，会逐渐麻木，这时候一点点的温暖就能够融化冰冷，但温暖的得而复失，会使得寒意更重。风景描写很好地印证了明子的心境，如血残阳、浓重秋意、血红藤蔓，都是明子受伤情绪的外射。

▶ 在激烈的情感冲突过后，明子累了，他只是一脸漠然。

喜欢春天和秋天的雨。春天的雨很贵重，很肥硕，雨下着下着，就能看出田野在变得越来越绿，那雨也就被染成了绿色。往远处看，到处笼着湿湿的绿烟。明子总记得水边柳树下，水牛在雨中啃草的形象：它不管雨，只顾啃着被雨水冲净的嫩草，有节奏地甩打着尾巴。它的身后，或它的身旁，有一个十几岁的孩子披着蓑衣，慢慢地跟着它。秋天的雨是明净的，一根根雨丝，如千万条银线忽然从空中飘洒下来。那时，银杏树叶黄了，晚稻黄了，芦苇黄了，秋雨里，到处是一片叫人心里明亮的金色。那时，会有几只白鹭从树顶上飞起来，飞到雨幕里，远远地看，就仿佛是一团团白光在雨幕里飘移着。

下雨天，明子总爱到雨地里去，那凉丝丝的雨水，浇黑了他的头发，洗亮了他的眼睛，浇去了一身顽皮时留下的汗渍和污垢。他和一群或比他大或比他小的孩子，在雨地里追逐着，或在田埂上，或在柳丝下，或者驾了几只小木船到水上去嬉闹。

童年的许多故事，都与雨联系着。

明子由想念家乡的雨，扩大成想念整个家乡了。他常常陷入这种刻骨铭心的想念之中，尤其是当对生活感到无奈时。他在这里究竟算什么东西呢？他几次准备收拾东西回去，然而想到自己身上没有太多的钱而家里又在指望着他的钱时，他只好抹抹眼泪，又留下了。他要待在这儿，因为他必须待在这儿。

近来，他想家的劲头似乎有所减弱。他的心底里慢慢地生长起一种对抗情绪，一种志气，一种悲壮感。虽然这些情感有点幼稚，甚至偏狭，但它们使明子在悲伤、自我怜悯的心境中获得了新的生活欲望和生存态度。这将使他

在后来的一段时间里陷入疯狂、冷酷、惊喜、失望、深深的自谴和懊悔。但经过这一灰暗的过程，他可能走入更好的人生。

雨还在下。

明子走进了凉雨里。他沿着水边，在黑暗里往前走。他告诫自己：男子汉想家是绝没有出息的！凉雨的泼浇，冷却着他的情绪与思想。他觉得自己再也不能这样窝窝囊囊、可怜巴巴、低三下四、畏畏缩缩、唉声叹气、在屈辱中毫无骨气地活下去。要把头抬起来，把胸脯挺起来，让眼睛转起来，放出光芒来。谁也不能欺负他，谁也不能蔑视他。谁胆敢如此，他坚决报复。并且——这是最要紧的一点——他要挣很多很多钱！他从未像现在这样渴望着富有。

走在凉雨里，明子是昂首挺胸的。

可幸的是，明子走出了此刻的阴霾。凉雨好比是冷漠的城市，但明子在凉雨中清醒，恢复了男子汉的尊严与斗志。对于明子而言，前面的路固然很长，但是他迈出了这关键的一步——日后的他，势必更加勇敢，更加坚强。

讨 论

▼

> 1 <

为什么明子碰到紫薇和徐达之后，异常沉默，还主动离开？

紫薇的腿在一日一日地见好，当紫薇紧紧抓住明子的手试图迈步行走时，明子真切地得到了关于那双小手的印象：柔软、温暖、乖巧而安静，他的心有点儿微微发颤。可是，明子再次见到紫薇时，她的轮椅旁出现了一个男孩——徐达。徐达与明子之间社会地位与经济条件的巨大差异让明子异常尴尬，明子发现自己其实离紫薇和徐达的世界很远。明子异常沉默，觉得很无趣，骄傲与自尊逼他主动离开。

> 2 <

明子为什么拒绝给徐达做鸽笼？

对于明子而言，徐达是竞争者，带给自己很大的压力，他的自尊心不允许自己接徐达给的活——否则，对于明子来说，他们就变成了"雇主"和"雇工"的关系。徐达并不是刻意的，他想做鸽笼可能是出于实际需求，但在明子看来，徐达的行为俨然是一种羞辱，对自己和对木匠职业的不够尊重。明子可以直接拒绝，也可以推脱说不会做鸽笼。但明子强调"鸽笼谁都会做"。这句话包含了两层意思，一方面是对自己能力的肯定，一方面则是"拒绝"——我们不做。明子强调"木匠活"，是对自己身份的确认，他将自己的尊严与职业尊严联系在一起。

> 3 <

你如何评价紫薇父母给明子二百块钱的行为？

能够看到紫薇父母并无恶意，只是想表示一下感谢。但是，这种感谢方式的确伤害了明子，有失妥当。或许他们可以选择更好的方式。

第 五 章

导 读：

1. 曾经，明子并不认同鸭子用蜡嘴叼钱，为什么明子现在
   却说鸭子放走蜡嘴很傻？

2. 捡到的外国钱，对师徒三人产生了怎样的影响？

3. 三和尚为什么让黑罐回老家？又为什么写信把他叫
   回来？

十 四

明子把漆板一块一块在马路牙子上摆好后，仍然还在紧张、兴奋和激动中。一个小时前，他捉弄了一个女孩，还弄松了卡车上的绳扣，捡到了很多苹果，和鸭子哈哈大笑。

快乐中，明子发现鸭子的那只鸟没有了，忙问："你今天怎么没有带鸟来？"

鸭子收住笑容："它不在了。"

"死了？"明子问。

"不，飞了。"

"我说过，它总有一天要飞。"

"不，是我放它飞的。"

"放它飞的？"

"嗯。就在离这儿三站地的地方，我把它抛上了天空。"

"为什么让它飞了呢？"

鸭子咬了一口苹果，在嘴里慢慢地咀嚼着。

"你这不是很傻吗？"

鸭子看了一眼明子，把苹果咽进肚里去："昨天，我

捉弄过路的女孩，其实是对紫薇的变相报复。解开卡车挡板上的绳扣，让苹果撒了一地，更是对这个世界轻视自己进行一次小小的清算。其实这样下去，是危险的，对这个世界释放恶意也会上瘾的，睚眦必报，环环相报，只会越陷越深，侵蚀自己健康的心性。

曾经，明子并不认同鸭子用蜡嘴叼钱，认为不够光明正大，坚持自己卖力气挣的钱才干净，对鸭子用蜡嘴叼钱（讨钱）这一伎俩不以为然，抗拒鸭子递来的炸鸡腿，宁愿啃自己又冷又硬的馍，这是一种骄傲。现在明子却认为鸭子放走蜡嘴这一行为很傻，因为他现在被钱压得抬不起头来，已经无心顾及干净、高贵等品质。

在拐角那儿放鸟叼钱，无意之中看到街那边有个老头在卖花。这个老头我好像在哪儿见过他。我仔细瞧他，心里'怦'地一跳：是大爷！是那个把鸟送给我的大爷。我慌忙收了鸟，走进小巷里。我在小巷里来回地走着。不知为什么，我特别想好好看看那个大爷。好几年时间里，我只是偶尔才想起他。我好像早把他老人家忘了。我心里很慌乱。我怕大爷责怪我为什么没有听从他当年留下的话。我想走掉，快快地走掉。可是，我又实在想好好看看他。我慢慢绕到他身后的茶叶店里。我闪在窗子后面。我离大爷只五六步远。**大爷比我初次见到时，老了，老了许多。头发全是白的，背也驼得厉害，像是压坏了似的。他守在一辆三轮板车旁边。那三轮板车也很老，上面放了十几盆花。他在卖花，那些花都是很一般的花，长得也不好，都病恹恹的。大爷也不叫卖，他好像没有力气叫卖了。有时走过一个人来，大爷就问：'买花吗？'几乎没有人来买他的花，但他就那么守着。有时，他跑到前面去拢一拢花盆，**这时，我就能看见他的脸。他的脸变得很瘦小，眼睛好像也老坏了，只有一道缝，像是在打瞌睡。我一动不动地站在窗后看着他。过来一个人，终于要买他一盆花。**那盆花连花盆一起卖，才一块五毛钱，还不及蜡嘴五分钟叼的钱多。**可大爷并不嫌少，把钱揣进怀里。他在那儿等呀等呀，一直等到天快黑，车上的花还有一大半没有卖出去。他用绳子把花盆拢上，慢慢骑上车，往西蹬去。我就不声不响地跟在后面。他没有多大力气，蹬得很吃力，但车才有人走得快。我跟着车，一直跟出去两站地。那时天黑了。我想大爷反正也看不见我，就紧紧地挨在板车后头。在过一段上坡时，大爷有点蹬不上去了，直喘粗气，

大爷谋生非常艰辛，但是坚持以自己的劳动赚钱，这让鸭子很惭愧。

我就低下头，悄悄地帮他推着车。我一直跟到大爷家。他住在一个小巷的深处。他好像就一个人。因为没有一个人出来迎接他，是他自己把车拉进院子里，又是他自己把花一盆一盆地端进屋里。出了巷子，我坐在巷口，心里总想着大爷卖花时的样子。就在那儿，我把蜡嘴脚上的铜钩摘下了。我把它放在手上，给它捋了好半天羽毛——是它养活了我。它缩着身子，任我去捋它的羽毛。我哭了起来，把它放到鼻子底下。我用鼻尖一下一下地掀起它的羽毛……后来，我望了一眼小巷的尽头，把它抛到空中。我怕鸟再飞回来，我会犹豫，赶紧跑开了。"

明子听完鸭子的话，半天没吱声。鸭子的话让他动情了。但又过了一会儿，明子像要吹走一个什么念头似的从嘴里喷出一口气来，对鸭子道："你真傻，傻到家了！"

"你不是也说，人不能那样挣钱吗？"鸭子问。

"那是我过去说的，现在才不会这样说呢！你也不想想，这世界上，谁跟钱有仇呀？我倒要看看你以后怎么生活？"

鸭子很茫然："我也不知道。"

"你要么还去饭店吃人家剩下的。"

"不，我不。"鸭子说。

"那你就做小偷？"

"不，我不。"

"那你怎么办？"

鸭子抓着两只啃去一半的苹果，眼睛里充满对未来的慌张。

"你一冲动，把鸟放了，可就不想想以后的日子。

你能干吗？给人家做工吧，人家嫌你小不要你。你又不比我，我有手艺，能挣钱。你呢，就知道吃，什么也不懂。干吗把鸟放了？老头也没看见你嘛。就是看见了，也认不出你来了。就是认出来了，又怎么样？是他给你的鸟，又不是你要的。再说了，你没有鸟，也没法活呀。那老头既然是个好人，就不会责怪你。你倒自己责怪上自己了。你说你傻不傻吧？傻透了。"明子俨然一副精通世故的大哥样子，对鸭子好一顿教育。

鸭子被明子说得呆头呆脑的。

"也不跟我商量商量。"明子说。

鸭子心不在焉地啃着苹果。

"有我的信吗？"明子问。

"噢，有。"鸭子放下苹果，从口袋里掏出一封信来递给明子。

明子打开信看了一遍，又看了一遍，脸色越来越阴沉。

鸭子问："信里说什么啦？"

明子说："没有说什么。"

但这之后好几个小时里，明子一直情绪低落，心事重重。他坐在地上背靠树干，脑子里总是想着父亲在来信中说的那段话：

那年，为买那群羊，借了人家一千多块钱，人家催债已经踏破了门槛。可是，哪儿来的钱还债呢？春上，你妈卖了头上的簪子，买了两头小猪，本想秋天肥了，先还人家一些，没想今年夏天天太热，那两头猪都养到七八十斤了，却在三天时间里全都得了瘟疫死去了。前天，东头

作为鸭子哥哥一般的明子，他心里自然是希望鸭子能够走上正道，但他更担心的是没有一技之长的鸭子如何在这个城市生存下来。

父亲寄来的信，语言稍显凌乱，我们能从中体会到明子父母内心的纠结。在家里债主紧急催债的时候，他们将希望寄托在明子身上，但他们也是爱明子、想明子的，希望他能回家过年。作者借一封家书道出明子巨大的压力。父母越是纠结，越是爱他、体谅他，恐怕明子的心就越不好受，他怎么忍心让父母难堪呢？这看似一封普通的家书，实际上无疑是一副千斤重担，压住了明子。连读者都忍不住为明子叹气。

李三瞎家两个儿子又来催要欠他们家的三百块钱，说再不给钱，就拆我们家房子。细想起来，也怪不得人家，这债总不能这样没日子地欠着吧？你妈说，给明子写封信吧，问他近期内能不能寄些钱回来。可是，等真要写信那天，她哭了起来，说想明子。一家人安慰了她半天，才总算让她不哭。我想了想，还是给你寄上这封信。钱比磨盘还重呢，能压得人抬不起头来。不过，你也不要为难。你才多大点人呀？你没有钱回来，谁能责怪你呀？今年过年，不管怎么说，也要回来……

十五

这是一座老宅。有三间平房，正面一幢，东西两侧各一幢，环抱着一个幽静的小院。原先的主人几代都住在这里，大概住得有点腻了，得到机会便搬了出去，住进了现代化的建筑。新主人是做生意发了财的，有一股思古的幽情，花了一笔钱将它买了下来，并准备好好装修一下。

三和尚他们被请来修理门窗，并要根据主人的设计，做许多老式的家具。

黑罐坐在了地上。在他身边，是一堆原先的主人临走时留下的废纸和破鞋烂袜之类的东西。他瞧见其中有一个淡蓝色的很好看的信封，便捡起来看。他觉得那信封里似乎装了东西，便把信封倒过来磕了磕。就在这时，只见从里面磕出了几张淡绿色的票子来。他望着它们："这是什么呀？"

三和尚因为他的懒正瞪着他，因此几乎是与他同时看到了那些淡绿色的票子。他扔下斧头，一个箭步冲过来，从地上捡起那些票子，随即压低了声音，惊喜地说："是外国钱！"

明子闻声跑过来："我看看，我看看。"情不自禁地一伸手，将那些票子从三和尚手中全都拔了去。他转过身去，朝阳光处跑去。

三和尚和黑罐紧跟在他后面。

明子看了看说："真是外国钱！"

黑罐禁不住大叫起来："外国钱！外国钱！"

三和尚轻轻踢了他一脚："声音小点！"

他们把几张票子正过来反过去看了十几遍，一致认定，那是真正的外国钱。于是，三个人陷入了一种惊喜的狂流之中。三和尚兴奋得几乎要揭去假发，亮出亮光光的脑袋来。黑罐的双腿也不软了。至于明子，更是两眼闪闪发光，激动得不能自已。他们紧紧地聚拢在一起。他们甚至有点慌张，觉得这笔钱来得太突然，并且数目大得让他们简直不敢承受。从面值上看，都是五百元和一千元的大面值。他们把门紧紧关起，像窃贼一样挤在角落上，小声议论着。

三和尚说："那日，我在一幢大楼背后看到人家换美元了。你们知道一美元换我们的钱多少？一比八。我看见那人手里的美元了。跟这票子的颜色差不多，印着洋字码，并且还有一个老头的像。你们看，这个老头，大鼻子，还有一头卷发，分明是个美国人！"

三和尚说是美元，明子和黑罐也跟着觉得是美元。他们对货币的知识极其有限，只知道美元，并且知道美元很

三和尚"一个箭步冲过来"，可以看出他见到票子时内心的急切。动作描写是能够很好地反映人物心理，塑造人物性格的。

同是狂喜，三个人的表现各有特色，三和尚要揭去假发，黑罐不再腿软，明子两眼发光。作者的描写很细致，抓住了三个人的主要特征，秃头是三和尚的心病，腿软是黑罐最近的症状，明子一向机灵，在狂喜里，他们都进入某种忘我的状态。

值钱，好像那是天堂里花的钱。

明子说："昨天，这屋子的新主人说，原先那户人家的祖父曾在国外待过好多年。这钱肯定是他带回来的。"

黑罐说："如果那户人家来找这笔钱怎么办呢？"

三和尚说："那老头已经死了。说不定他家里的人根本不知道有这笔钱。这回搬家时，不知从哪儿把这信封翻了出来，当成废纸又扔掉了。再说了，就是找回来，我们一口咬定我们不知道，他们又能怎么样？"

为了昧下这笔钱，明子的确思虑周全，但是仔细思量，三个人谁都没有动过物归原主的念头，其实也很可悲。

明子说："万一真的找回来，我们就说，以为是废纸，我们将它与刨花一起烧了。"

三和尚和黑罐都觉得明子说得有道理。于是，把刨花和废纸一起弄到院子里，划了根火柴将它们点着了。不一会儿工夫，刨花与废纸便化为灰烬。于是，三人的心也就踏实了许多，觉得这钱拿在手中，已无顾虑和担忧了。

"这钱，我来保存吧。"三和尚数了数票子，"一共五张，一千元的两张，五百元的三张。"

黑罐和三和尚记得是六张外国钱，明子却说是五张，到底是几张呢？

三和尚在地上找了两遍说："是不是刚才你看我看的掉了一张到废纸里去了？"

"那就烧掉了！"黑罐懊恼不已地说。

明子说："是不是就是五张？你们看花眼了？当时谁还顾得上数张数呢？"

三和尚说："也是。"

可是黑罐还是说："我记得好像是六张。"

明子说："那一张也不会长翅膀飞了呀。"

三和尚和黑罐有点疑惑，可又觉得疑惑得没有理由，便在意识里明确起来：怕是看花了眼。

三和尚解开裤子，把五张外国钱塞进了里面的裤子口袋里。

这一天，三和尚他们的心情极快活，三和尚一口气讲了五六个笑话，把明子和黑罐笑倒了好几回。活也干得又快又好。收了工，走在回窝棚的路上，他们一个个都觉得自己壮大了许多。虽是枫丹露冷的晚秋，但心中全无凉意。当晚风掀动他们的头发和衣角时，他们有一种说不出的优美感觉。走在大街上，望着闪烁迷离的霓虹灯，望着一个个橱窗，他们觉得城市比以前贴近了许多，也亲近了许多。他们有力的足音溶进了夜幕下的喧闹，显得那么和谐和自然。钱这东西是多么奇怪，它竟能使他们觉得人活在世界上原是件很开心、很美好的事情。对生活他们居然忽然地有了一种审美的态度。

城市，尤其是夜晚的城市，实在是太漂亮了。

他们一点不觉得饿，也不觉得疲劳。某种情绪居然能像发动机一样去发动人的躯体，让人洋溢在一种勃勃有生机的生命里。他们觉得今天的身体都是那么健康和舒服，仿佛睡了两天两夜之后走进了清凉的空气中。

直到回到低矮黑暗的小窝棚，他们才从空中回到地上。但，兴奋一直在血管里鼓荡。吃了晚饭，三和尚要黑罐拉胡琴，他身心俱醉地唱了一大段"快活调"。然后，三和尚把那五张票子掏出来，又在烛光下与明子和黑罐看了好几遍。收起票子之后，那票子上的老头像还依然在眼前晃动。那老头虽然是一脸威严，但还是很可亲的。他们仿佛认识这个老头，只是有点生疏罢了。他们不知道这老头叫什么名字。三个人之中，自然是明子学问最大。他说美国有个总统叫华盛顿，还有一个总统叫林肯，叫人杀

对于急需要钱的明子、黑罐、三和尚而言，城市只是他们赚钱的地方，很现实。意外之财的出现，让三人心情舒畅。也正是这机会，让他们看到了城市美丽的一面。这一年多的城市漂泊，他们却在今天才感受到了城市的美丽——而契机是因为捡到了钱。看似作者不经意的一笔，然而文字背后又包含了多少心酸与悲悯。

了。这个老头不知是他们中间的哪一个。

"这到底是不是美元呢？"三和尚有点拿不准。

"可找个人问问。"黑罐说。

"如果真是美元呢？"三和尚又愁这钱太多了，"怎么花呀？"

三人便开始投入对这些钱的用途的设想。这些设想浸透了浪漫意味。他们一直讨论到深夜，说了许多胡话和狂话，直到明子说"该睡觉了"才停止讨论。但明子本人并无睡意。他的内心其实比三和尚和黑罐更为兴奋。他的手一直放在胸前的口袋上，仿佛要用它捂住一个秘密。当三和尚和黑罐在讨论那笔钱的用途时，他并没有像他们那样投入。他有独立的一份心思。他必须一个人好好地静静地思考完全属于他一个人的事情。他希望三和尚和黑罐早一点睡着。**当他终于从他们两人忽长忽短忽高忽低的鼻息声中判断出他们已进入梦乡时，他为口袋里的那份秘密而激动得有点发抖。他把手慢慢插到口袋里。他的手指一碰到那张柔软的纸，就像触电一般，顿觉一股热流放射到全身，乃至心脏。他克制不住地喘息起来，如同挑了重担走着上坡。怕三和尚和黑罐听见，他用牙咬住嘴唇。他紧闭住眼睛，坚持着不让自己激动得发抖。估计他们已经睡沉，他一寸一寸地慢慢地爬出被窝。他轻轻下了地，轻轻地摸索到门口，轻轻地拉开门，轻轻地关上门，然后轻轻地走向灯光。当离开窝棚有二十步远的时候，他跑起来。**几乎要跑出一站地了，他才在一盏路灯下停下。他环顾四周，见无人影，便用两只指头从口袋里夹出了那张柔软的纸——那六张外币中的一张！

这张一千面值的外币，是他在古宅中转身走向亮光

对于明子一行人，这几张钞票意味着什么？是还清债务的机会，是更好生活的许诺。"胡话和狂话"看似好笑，却是他们的真切期盼。希望越大，失望也就越大——这里早就埋下了伏笔。

心理描写非常传神。对于明子而言，钱是让家里摆脱债务的希望。但他这钱终归是偷偷摸摸藏起来的，生怕被三和尚和黑罐发现。像"触电一般的热流"，又像"挑着重担上坡"——这是一种既刺激又沉重的情绪。但明子终归克制不住自己的激动，忍不住出去掏出钱来"欣赏"。

时，用了让人毫不觉察的动作使它滑进了袖笼的。

灯光下，它上面的数字"1000"清清楚楚，同是那个老头正朝他神秘地微笑着。

这是他自从独藏了这一张外币后，第一次仔细打量它。

明子将它充分地亮开。这是一张很老的票子了，让人觉得它曾经过成千上万个人的手，曾无数次地被使用过，用它所反复购买的物资大概能堆积成山了。票子的古老，越发使明子觉出它的值钱。一千？换成人民币，将是一笔多大的数字？即使明子做梦梦见钱，也未梦见过这样大的数字。这数字意味着什么呢？明子觉得自己的想象力都有点跟不上了。他将它放在鼻子底下闻了闻，像所有钞票一样，它也散发着烟草和汗臭混合的味道。那味道对于明子来讲，是世界上最令人心旌摇荡的味道了。明子的记忆里，总常常泛起这种味道。他向往着这种神圣的让人陶醉得两眼迷离的味道。

明子又下意识地看了看四周。他必须独自一人享受这份秘密。他特别想将它放在手心里使劲攥一下，可又怕将它攥坏了。他觉得那张票子很娇气，经不住他强烈的亲热。他小心翼翼地将它折成几折，又从路边捡了一张纸将它包好，重新放回口袋里。它正好在心脏的位置上。明子能用心感觉到它的存在。

真是不可思议，这钱竟来得如此容易！

明子不时地觉得这事有点虚假，像一则虚构的故事。但他用手在口袋外摸了摸，觉得又是件实实在在、不容推翻的事实。

天空有一枚淡黄色的月亮。初冬的夜空，显得很干

▶ 对明子而言，这钱是难得的希望。他自然要倍加小心地呵护。这里的动作描写略带夸张，却又在情理之中，令人哭笑不得。

净。夜空下也很安静。

明子慢慢往窝棚回，心里盘算着这笔钱的去处，想得很张狂：一换成中国钱，就寄一大笔回去，把所有的债务彻底还清，让我家成为小豆村的一大富户。留一笔钱出师后用也买一套电动的家伙。不，投资开一个家具公司，要赚很多很多钱！拿出一部分钱来玩、吃！把这城里所有好玩的地方都玩一遍，所有好吃的都吃一遍。一定到大医院去治一治尿床的毛病。许多人说过，这毛病是治得好的。这毛病无论如何不能再有了，已是十七岁的人了！**把紫薇给的二百块钱还回去，一分不差！在还她的时候，要当她的面从一大沓钱中数出二百块钱来，并且是放在她脚下，笑一笑她，然后掉头就走。**

这钱似乎有各种各样的功能，它在各个不同的方面满足了明子的欲望。

明子忽然宛如一匹撒欢的马，在悄然无声的大街上跑动起来。那影子便一长一短地变化着。四下里，只有他的足音。**跑了一阵，他又旋转起来，像只挨了鞭子的陀螺，转呀转的，他控制不住自己了，像是被一种动力发动着的轮盘。**他使劲刹住脚步。这时，他感到天旋地转，眼前的树木在一排一排地倒下去又爬起来。他终于没有站稳，一个踉跄撞到了树上，随即又一屁股跌坐在地上。屁股好疼痛，他光咧嘴，眼睛里疼出了泪。但他望着树却笑了。他有意地让自己笑得很傻，很难看。

他想起来该回窝棚去了，摸了摸口袋，证实那张票子还在，便又悄悄地回到了窝棚。这一夜，他醒了许多次。因此，早晨尽管很迟才起来，也未发生尿床的事件。

诚然，明子难以忘记紫薇。还钱是对自我尊严和情感的捍卫，但是想象得如此戏剧化，显然是想报复她对自己的"轻慢"。

因为这张钱，明子激动得难以自抑，但又不能与任何人分享，迫切需要跑步和旋转来宣泄。

以后的几天时间里，三和尚他们始终是带着兴奋的心情干活的。唯一使他们有点不放心的是，这钱到底是哪一个国家的钱。但想到这肯定是外国钱，三人便又踏实了。因为，他们只有一个很可笑的概念：只要是外国钱，就值钱。

有一句话叫"贫穷限制了想象力"，虽然刻薄，但有时候它也饱含真实。

大概是第四天早晨，三和尚醒来后，摸了摸裤子口袋，忽然惊叫："钱没有了！"

还在被窝里的明子和黑罐几乎同时坐起身来望着三和尚。

"钱没有了！"三和尚又说了一遍，样子极慌张。

明子问："什么钱没有了？"

黑罐也紧跟着问："什么钱没有了？"

"外国钱，五张外国钱全没了！"

三和尚财迷心窍，为了独吞外国钱，不惜在徒弟面前导演了这场闹剧。

明子下意识地摸了一下自己的上衣口袋，然后与黑罐慌忙穿衣下床，来帮三和尚寻找那五张外国钱。

"放哪儿啦？"明子和黑罐问。

"放裤子口袋里的。"三和尚说。

"没记错吧？"明子说。

"清清楚楚放在裤子口袋里的，你们不是也看见啦？"三和尚说着又去掏裤子口袋，最后索性把所有的裤子口袋都掏了一遍，并把口袋都翻到外面来。那一只只白口袋，像无数的被顽童踩爆了的鱼泡泡。

三个人很慌乱地在小窝棚里找着，毫无章法。许多口袋已掏了若干遍，许多找过的地方找了若干遍，最后谁也说不清楚哪儿被找过了，哪儿没有被找过。三人互相重复寻找，常常听见其中一个说："那地方我找过了。"但对方完全失去了冷静，充耳不闻，继续在那个地方寻找

着。三人找得气喘吁吁，很像三只在草丛中寻找逃犯的警犬。不一会儿工夫，小窝棚里就乱成了垃圾堆。他们灰心丧气地坐了一会儿，又在"垃圾堆"上不死心地翻寻着。

"就放在裤子口袋里的。"三和尚老说这一句话，却去翻上衣口袋，翻箱子，翻席子……

他们终于失去了信心，也失去了力气，望着乱七八糟的窝棚，一个个一脸惨相。

"会不会丢在外面呢？"明子问。

三和尚想了想说："昨天夜里到垃圾站跟前解小手了。"

明子和黑罐听罢，立即跑到垃圾站。垃圾尚未运走。他们在垃圾的表面没有寻找到那五张外国钱，便开始鸡刨食一般向垃圾的深部翻找。他们的动作极慢，并在喉咙里发出呼哧呼哧的声响，仿佛一个金泽闪闪的希望就深埋在这堆臭烘烘的垃圾里。

三和尚也用一根棍子在后面拨弄着。

终于没有找到。三人又重新折回窝棚，对窝棚又折腾了一番后，彻底绝望了。希望越大，失望也就越大。狂想之后的扑空，必然是深深的失落和悲哀。三和尚坐在床边，黑罐屁股朝外坐在窝棚的门口，明子则站在一地狼藉的窝棚的中央。他们的目光呆滞，一副精神病患者刚吃了药的样子。

当明子意识到他自己仍然还有一张一千面值的外国钱时，心里有了一种侥幸，一种安慰，一种快乐。幸亏藏了一张。巨大的希望没有了，但毕竟还有一个不大的希望。想到这一点，明子不再觉得那五张外国钱的丢失有多么沉

> 明子和黑罐一开始信了三和尚，努力找钱，"鸡刨食"般在臭烘烘的垃圾里寻找"金泽闪闪的希望"，不论是比喻的贴切，还是叠音词"臭烘烘"和"金泽闪闪"的鲜明对比，整个描述都显得特别卑微且心酸。

> 作者很好地描述了"扑空"后三人的失落与悲凉，三个动作与身体姿态不同，但是一样的目光呆滞，虽然呆滞的缘由可能不完全相同。

这件事情对黑罐形成了重大的冲击，他好像一下子垮了，三和尚一向厉害，却连一瞥责备的目光都未给予黑罐，的确反常，而反常恐怕另有缘由。

重了。但他仍在脸上摆出痛苦和懊丧的样子。

一天没有干活，唉声叹气了一天。再干活时，三人都闷闷不乐。**黑罐似乎一下子瘦弱了许多。他的脸色很难看，又灰又黄，眼圈黑黑的像抹了一圈灰。他好像连举斧头的力气都没有了，常常是一副用力的样子，斧头却举得很低。由于力的衰减，使动作变形，斧头是总不能按他的意念劈削，已两次将斧头的刃砍到了线内，糟蹋了两根木料。幸亏主人不在场，不然要招来麻烦。厉害得像个鬼似的三和尚却没有去骂黑罐，甚至连一瞥责备的目光都未给予。**

又过了一天，这明子和黑罐忽然觉得这五张外国钱丢得有点蹊跷，不免疑惑起来。特别是当三和尚不在，他们两人将心中的疑问互相说出时，这疑问就一下子得到了加强，几乎明确得不可动摇了。

"他丢过一分钱吗？"明子问。

"谁能解了他的裤带把钱摸走？"黑罐问。

"这些天，他不总是和我们待在一起的吗？"明子问。

"平日里，他把一分钱看成笆斗大，他怎么会对这么多钱不小心？"黑罐问。

"这事情不奇怪吗？"明子问。

"这两天，他怎么就不瘦一点呢？"黑罐问。

"他怎么就不少吃饭呢？"明子问。

"他怎么一倒下就呼噜呼噜地睡着了呢？"黑罐问。

两人问来问去，一个印象就形成了：这钱可能被三和尚一人侵吞了！

于是，明子和黑罐就开始怠工。到底是两个孩子，

全把心里的事放到脸上。他们整天拉长着脸不与三和尚说话，故意把手脚变得又笨又重。黑罐干一个小时要休息两个小时。三和尚让他把锯子递过来，他不把锯子直接递到三和尚手中，而是远远地一扔，结果锯子跌落在地上，把绷得紧紧的锯条给震断了，气得三和尚要揍他。但三和尚终于没有揍他，而是自己不声不响地换了一根新锯条。这时，黑罐又一蹬脚，把一堆码好了的木料"哗啦"一下蹬翻了。三和尚放下锯子，真的要过来揍他时，明子故技重演，又把一根带铁钉的旧木料使劲推向锋利的电锯，只听见锯口咬铁钉发出的尖利的声响。三和尚大声怒吼："你们两个都给我滚！滚——！"

过了一阵，三和尚平静下来说："明子还是去等活。"他觉得应该支走一个，剩下的黑罐就成了小泥鳅一条，再也掀不起大浪。

这几天明子正渴望三和尚能对他有这样一个安排。他想立即搞清楚那张外国钱的价值。他想找那个教授认一认那张外国钱上的洋字码，看看到底是哪一个国家的钱。他和三和尚、黑罐曾在那个教授家干过半个月的活。但这几天活紧，三和尚总让他干活，使他无法脱身。现在听了三和尚的吩咐，自然满心喜欢。但他装得很平静，直到三和尚又说了一遍"明子去等活"，他才离开老宅。出了门，他小跑着赶到公共汽车站。车一到，他就蹿上车。一个小时之后，他便来到了那个教授家的门口，他敲了敲门，屋里有人问："谁呀？"

"是我。"

教授在家，开了门，道："木匠师傅。"很客气地将明子让进屋里。

三和尚谎称丢钱，其实想私吞，而明子也早已暗暗藏下来一张钱——金钱就好像一面放大镜，将人性的贪婪暴露无遗，将和谐的师徒关系生生撕裂。

"能麻烦您看一样东西吗？"明子问。

"什么东西？"教授有点奇怪。

"钱。"

"钱？"

"外国钱。"

"我看看。"教授说。

明子把那张外国钱掏出来，递给教授。

教授接过一看，"哦"了一声道："这么大的面值。"他正反两面看着。

明子的心仿佛提在了手里。

教授又看了两下，摇了摇头。

明子的心咯噔一下："不值钱？"

教授摇摇头："我不认识。"

"您是教授还不认识？"

"我学的是日文，但这上面不是日文。"

明子的心又稍稍松弛了一下："是美元吗？"

教授摇摇头："好像不是。这上面的那个老头像我没见过。美国的总统像，我都认识。"他把票子伸远了看，还是摇摇头，"不认识他。"

"没有人认识吗？"

教授打开门，敲开了对面的门："老张，你看看这钱是哪个国家的钱？是美元吗？"

那个叫"老张"的也是个教授，拿过票子来看了看说："不是美元。是比索，阿根廷比索。"

明子问："值多少钱？"

张教授说："这我就不知道了。不过可到留学生楼，找一个阿根廷留学生问一问。我就认识一个，他在听我的

明子将太多的希望寄托在了这张钱上面，"心仿佛提在了手里"写出他此刻的紧张与忐忑。

课。住1号楼503房间。"

一千这个数目不算小，且又落在一个小木匠手中，这事带点传奇色彩，两个教授不由得都产生了好奇心。他们商量一下之后，张教授给那个阿根廷学生打了一个电话，让他来一下。

明子重回到教授家等着。

大约过了二十分钟，张教授带着阿根廷留学生进来了。张教授要过那张外国钱递给他："你看看。"

阿根廷学生像熟悉他的名字一样熟悉那票子。他只看了它一眼，用一口纯正的普通话道："阿根廷通货膨胀很厉害，货币贬值让你都不敢相信。"

教授问："那么它还能值多少钱？就是说可兑换多少人民币？"

阿根廷留学生一耸肩道："有一阵子，阿根廷的货币几乎是几天一换的。"他用手指指着那张票子，"它早作废了。"

明子只觉得眼前一片黑暗，好半天才慢慢觉得亮堂了起来。

"这钱是谁的？"阿根廷留学生问。

教授说："是这个小木匠捡到的。"

阿根廷留学生望着明子，脸上是一副为明子感到可惜又微带嘲笑的表情。

明子拿过那张票子，跟教授说了声"我走了"，便朝门口走去。可是走了几步，又回转身来，对阿根廷留学生说："我给你，你随便给我几个钱吧。"

教授和张教授都微笑起来。

阿根廷学生摇摇头，又耸耸肩。

> 其实一开始主人家将这么大面值的外币随便一丢，恐怕也是因为它早已作废，但是明子他们三人在捡钱的狂喜里，都不愿意设想这种可能。

> 在巨大的打击下，明子差点支撑不住。但他仍然不肯放弃最后的希望。

"哪怕就给二十块钱呢？"明子不死心，"这不也是你们国家的钱吗？"

两个教授笑起来。

阿根廷留学生也笑起来。他从怀里真的掏出二十块钱来，递到明子面前。

明子看了看二十块人民币，又看了看那张一千面值的阿根廷比索，犹豫了一阵，终于把二十块钱接过手，同时把那张比索递给阿根廷留学生："给！"

阿根廷留学生摇了摇手："不要不要！"

但明子很固执地把那张比索伸在阿根廷留学生面前，非要他收下不可。"为什么不要呢？"明子问。

"它已是一张废纸。"

明子看了看手中的二十块人民币，把它又递给阿根廷留学生："那我就不要了。"

阿根廷留学生却坚持要明子收下他的二十块钱，仿佛他要对他们国家的货币负责一样。

明子心里却有一个普通中国人的概念："外国人的钱不能随便要。"便将二十块钱放在桌上，立即转过身去，很快地离开了教授的家。

明子麻麻木木地走到大街上。他觉得自己全身心都是空的，没有一点分量，像一张破纸片在冬天的风中飘忽着。他没有坐车，沿着大街只管往前走。尽管常常穿过密集的人群，但在他的感觉上空无一人。这个世界成了一片荒漠，现在只有他一人踽踽独行。

天空苍黄。这儿冬天的天空总是苍黄的。天空下布满了黄色的尘埃。这些尘埃能一动不动地悬浮于天空，似乎永远也不可能散去。太阳的轮廓清清楚楚，像剪子剪的

纵然失望到了极点，明子还是不肯接受外国人平白无故给的钱，他纵然会被捡来的钱迷了心窍，但有些底线还是守住了。

一枚圆形的金属片。那光是淡蓝色的。脱光了叶子的白杨树，越发显得消瘦，黯然无语地立在路边。

明子想哭，但无眼泪。他不知疲倦地走着，也不知走了多久。他不想吃也不想喝。他的脑子里空空的，心一阵阵莫名其妙地发紧。终于走到等活的地方，他感到浑身散了架一样，一点力气没有了，一屁股瘫坐在地上。他闭起双眼，像个死人，但并无痛苦的感觉。

鸭子来了。他问明子："你又买奖券啦？"

明子摇摇头。

"那为什么呢？你的脸很黄很黄。"

明子的心一下子冰凉冰凉的，却朝鸭子很不自然地笑笑。

"你看到我身上多了什么吗？"鸭子问。

明子说："看到了。那只鸟又回来了。"明子偏过头去，只见蜡嘴在竹竿上梳洗着羽毛。

"那天，我不由自主地去了那个老头家的胡同口。我对我自己说：'那只鸟也许没有飞，再去看它一眼，看见了就走。'"鸭子拔下竹竿，观看着蜡嘴，"这鸟呆，真的没有飞，打老远就飞了回来。"

"它见到竹竿了。"

"嗯。"

"放它的那天晚上，你为什么不折断竹竿，反而把它留下了呢？"

"我也不知道。"

"你本来就想把它招回来。"明子说。

鸭子承认。

明子笑了笑："留着它吧。"

希望越大，失望也就越大。深受打击的明子失去了心中的盼头，完全失去了活力，连平时一丁点的机灵劲儿也没有了，仿佛被抽走了灵魂一样。还记得那天晚上，在路灯下偷看钞票时，他还眉飞色舞，而仅仅几天之后就完全失去了希望。仿佛是一场捉弄，这一切来得是那么意外，去得也如肥皂泡沫般幻灭，令人感叹生活的残酷。

鸭子又召回那只鸟，重拾旧路。他想要自力更生，但是对于一个没有一技之长的孩子，自食其力恐怕没那么容易，成长就是这么曲折艰辛。

幸亏有鸭子说说话，明子心里才好受一些。天很黑了，明子才回到窝棚。

"他人呢？"明子问黑罐。

"他说看她去了。"黑罐回答。

"你腿还酸吗？"

"酸，没有力气，走路拉不动腿，头总是晕。"黑罐说。

"怕是生病了。"明子说。

黑罐有点紧张："千万不能生病。"

"得去医院看看。"

"拖一拖吧。"

"有些钱省不得。"

"过些日子就会好的。"

"不要再去捡垃圾了。"

"钱怎么办？家里来信要钱呢。"黑罐说，"要是那些外国钱能分我一些，那该多好啊。"

明子心里暗笑，又有一股淡淡的悲哀。

"傍晚回来，我们看见紫薇了。"

明子眼睛一亮，倏然间又熄灭了。他一动不动地躺在床上，好比一段木头。

黑罐取下胡琴来，半躺在被子上，轻轻地拉着一些带有乡愁意味的小调。

明子的眼眶渐渐潮湿起来。明子的感情变得有点脆弱了。

三和尚回来后，说要换一换鞋，就到床下去摸鞋。摸呀摸的，他忽然惊叫起来："外国钱找到了！"说完，把那几张外国钱举了起来。

黑罐过度劳累，身体虚弱，但仍然把希望寄托在那几张钞票上。明子虽然早就知道了这钞票已成废纸，但是他不忍心去戳破黑罐的梦。

黑罐扔掉胡琴，一个打挺跳下床去："我看看！我看看！"

明子笑了笑，无动于衷。

三和尚把五张票子全都给了黑罐："怎么会掉在鞋壳里的呢？那天怎么就没有磕一磕鞋呢？"

黑罐朝明子跑去："你看，你看呀！"

"我看到了。"明子说，却不起身。

三和尚也不怎么激动，只有黑罐一人乐得没了人样。

三和尚说："这钱八成没有用，擦屁股嫌窄。依我看，撕了算啦。"

黑罐以为三和尚疯了，连忙把钱藏到背后。

明子一边看武侠小说，一边淡淡地笑。

"你们要，就给你们两个人吧。"三和尚说，仿佛他是一个百万富翁，根本不在乎这几个小钱。

明子将书从脸上挪开，看了一眼三和尚，笑出声来。

"你笑什么？"三和尚问。

"是呀，你笑什么？"黑罐也问。

"还不允许我笑呀？"明子更大声地笑起来。笑完了说，"这钱给我吧。我去找人问问到底是什么钱。"

"对。"黑罐说。

三和尚说："不管是什么钱，反正我不要了。"

第二天，明子把五张票子放在身边一天，晚上回到窝棚报告说："我问人家教授了，这是一个叫阿根廷的国家的钱。那国家的钱三天一换。这几张票子早八百年就作废了。"

又一次处于兴奋状态中的黑罐两眼一黑，双腿一软，竟然跌坐在地上。

三和尚的行为特别耐人寻味。一向贪财的三和尚这回怎么这么慷慨，把钱分给了两个徒弟呢？恐怕他也去打听了这些钞票的价值。

但这里还存在一个疑问，为什么三和尚这时候把钱拿出来呢？这是三和尚的人情练达之处。一方面，钱是放在三和尚这儿的，黑罐和明子一心想着这些钱的价值，恐怕会把责任推到他这个师傅头上，因此他要把钱拿出来，让另外两人亲自去发现这是没有价值的废纸；另一方面，他不明确说出这一事实，还把钱分给两个徒弟，也可以卖个人情，借此缓和师徒之前的关系。可谓一举两得。作者在此处对三和尚的形象处理得特别妙——一个贪财、懂人情的形象跃然纸上。"立体化的人物形象"使作品特别耐读。

可怜的黑罐，他是最后一个知道钞票已经作废的人，原本处于失而复得的狂喜中，再次遭受打击。

明子和三和尚赶过来将他拉起，问道："怎么啦？"

"头晕。"黑罐不敢睁眼。

明子和三和尚将黑罐扶到了床上。

明子将五张阿根廷比索分给三和尚和黑罐各两张，自己留下一张。他用手指捏住甩了甩，然后撕成两半，再撕成两半，直至撕成碎片。手一松，这些碎片纷纷飘到灯影里。

三和尚用点烟剩下的火柴顺便点燃了自己手中的那两张。

黑罐看了看剩下的那两张，忽然起了老实人的恶毒和仇恨，将它们分别放入两只鞋里。明日，他要用脚去使劲蹂躏它们。

明子躺在床上，心中起了捉弄人的念头。他被这阿根廷比索狠狠地捉弄了一下，搞得心力交瘁，若用它再去捉弄一下别人，他似乎就能获得一种心理平衡。他转过身去，将他独藏的那张一千面值的阿根廷比索，压在了从巴拉子手中借来的一本武侠小说里……

十六

早晨黑罐想起床，可是浑身软绵绵的起不来。他觉得身体是条空空的布袋子。见三和尚和明子都已穿好衣服了，他心里着急，用足力气挣扎起来，却又软弱地倒了下去。

両个小徒弟的做法实在令人忍俊不禁。黑罐是老实人，将气直接施加到两张钞票上面；而明子更显刁钻，爱捉弄人。两个徒弟的性格在这一细节中显现得淋漓尽致。

明子问："你怎么啦？"

黑罐说："浑身没有力气，头晕。"

三和尚看了看黑罐那张蜡黄的脸，想了想说："那你今天别去干活了。"

三和尚和明子走后，黑罐就一直躺着。"我肯定是得病了。"黑罐想。可是，他搞不清楚自己到底得了什么病。既不发烧，也无疼痛，就是没有一点力气。他很孤独地躺着，觉得世界很空很大，把他忘却了。他的头脑很清楚。他觉得自己不能躺倒，应该和三和尚、明子一道干活挣钱。他必须干活挣钱。家里又来信了，问他近期内能不能再寄一些钱回去。他似乎成了全家经济的唯一来源了。他像一只小耗子拖着一把大铁锨，过于沉重的负荷既压着他的肉体，也压着他的心。他又试了几次，想坐起身来，但均失败了。头一离开枕头，就晕眩得想吐。他心里很难过地躺着，不一会儿，两行泪从眼角往耳根旁流去。没有人来安慰他，也没有人来体贴他。他只能独自静卧于低矮的窝棚之中，受着那份孤单和寂寞。时间在往前一寸一寸地滑动着。他只好压住自己的焦急和烦躁，而平心静气地承认着身体的虚弱和无能。借着窗外的光线变化，他估计到了午饭后的光景。他吃了几块明子临走时放在他枕头旁的饼干后，迷迷糊糊地睡了很长时间。醒来时，都快傍晚了。他感觉到身体好像又恢复了一些力气，便挣扎起来。虽然眼前一阵阵发黑，但这回，他毕竟离开了床。他拿了一只大破网兜，一步一步地走向大楼背后的那些垃圾堆。他绝不能一整天分文不挣。

三和尚和明子回到窝棚后，见不着黑罐，很自然地想到他去了垃圾堆。明子说了声："我去找一找他。"便走出窝棚。这里，三和尚正准备生火烧饭，明子却又慌张地跑回来，大声叫道："黑罐晕倒了！"

三和尚听罢，急忙朝垃圾堆跑去。

黑罐歪倒在垃圾堆旁，但一手还抓着一只易拉罐。他像走长路的人累了，喝了些饮料，随便靠了一个地方睡着了。

黑罐已经病得很重了，还惦记着家里，去捡垃圾卖钱，作者在此处的描写很克制，他不忍心让这个懂事的少年过于难堪。

"黑罐！"三和尚摇着黑罐的肩呼叫着。

黑罐的脑袋在肩上来回晃动，却没有反应。

明子在黑罐的耳边一声又一声地唤着，仿佛招魂一般。

三和尚使劲揪着黑罐的头发。揪到后来，索性扯下几十根来，这才听见黑罐呼出一口气，并看见他慢慢睁开眼睛。

黑罐模模糊糊地见到了三和尚和明子。他有点迷惑，不知道自己现在在哪儿。他的目光很软弱，像晚秋黄昏时水面上泛起的微光。他觉得眼皮很沉重，就将它又慢慢地合上。没过一会儿，眼角上沁出两颗清清的泪珠。

三和尚将黑罐背往窝棚。

明子从黑罐手中摘下易拉罐，跟在后边。

三和尚确实有缺点，但他的本性并不坏。常言道："患难见真情。"对于生病的黑罐，他可谓是尽心照料。过去斤斤计较的他，此刻掏钱"没有半点犹豫"。三和尚一下子变成了一个"慈父"。

第二天，三和尚把黑罐背到医院检查，楼上楼下许多来回，直累得大汗淋漓。明子背不动黑罐，只能在三和尚蹲下欲背黑罐时，用手扶一扶，托一托。三和尚一声不吭，匆匆地爬楼，匆匆地下楼，一刻也不敢停顿。他不时用衣袖擦着满额的汗水。挂号、化验、买药，三和尚都是从自己腰包里掏钱，并且没有半点犹豫。此时的三和尚，变得善良、大方、负责任、对人体贴入微，是一个好师傅。

明子很感动。

黑罐尤为感动，伏在三和尚背上，仿佛倦了的骑手伏在马背上。

黑罐患了严重的贫血症。

回到窝棚后，三和尚又拉了明子一起上街，为黑罐买了许多滋补品，并再三安慰黑罐："别惦记着干活。拿了工钱，还照过去那样分你。"

三和尚确实恪守了自己的诺言，过了半个月，领得一批工钱后，拿出一笔来给了根本没有干活的黑罐，并代他寄回家中，这使黑罐的眼眶湿了一次又一次。

这样又过了半个月，三和尚又一次拿出一笔工钱来给了黑罐。这之后，他的情绪渐渐变得有点不耐烦起来了。黑罐何时才能干活呢？他三和尚和明子总不能一辈子养着他吧？不光分他工钱，还拿出不少钱来给他看病买药、买滋补品，这样没完没了地下去，如何得了？这些日子，他和明子上劲干活，可是钱反而比原先挣得少了。三和尚突然觉得黑罐是一口漏塘，永不能注满的漏塘，肩头不由得沉重起来。

明子一直很体贴黑罐。他一次又一次地宽慰黑罐，让他就安心地歇着，不要总想着自己没有干活还总拿钱并让人伺候。他还从自己的工钱里拿出一些来给黑罐买了几盒蜂王浆、两瓶麦乳精。但这些天，他也有点闷闷不乐。见黑罐几乎整天都躺着，心中有一种说不出的感觉。在窝棚里待长了，就觉得窝棚里多了些什么东西，心不由得烦躁起来。与黑罐的交谈也渐渐少起来，谈话里的那份亲切显得有点生硬。

一段时间里，三人在一起时，总是很沉闷。

▶ 半个月之后，三和尚渐渐失去耐心，觉得黑罐是个拖累。联系三和尚自身处境的艰辛，他不能够舍己为人，纵然不值得肯定，但其实也有他的无奈。

▶ 明子的态度也有变化，他刚开始时对生病的黑罐非常体贴，但是时间长了，他也开始郁闷、烦躁，有点嫌弃黑罐。

黑罐又休息了一些日子，身体终于好转起来，自己都能感觉到，力量在体内一寸一寸地生长着。他下地时，虽然仍感到两腿疲软，但毕竟能行走，能动作了。他向三和尚说，他能去干活了。三和尚反而又体贴起他来，说："刚好了些，先别急着去干活。"

"我能干活了。"黑罐坚持着说。

"那好吧。"三和尚说，"累了就坐下歇会儿，没人说你。"

干活时，黑罐虽觉得累，一拉锯子，或一挥斧头就浑身出冷汗，但毕竟每天坚持下来了。他必须坚持。人家三和尚和明子凭什么白白养活他呢？偶尔想起前一段日子三和尚和明子对他的照料，他觉得欠了三和尚和明子很多。三和尚后来的不耐烦，也是很合情理的。就是亲爹妈见自己的儿子整天躺着却能吃能喝，也会不耐烦的。想到这些，他干活时一点不惜力气，把凡能拿出的力气都拿了出来。

但这一场病，似乎把本来就不聪明的黑罐病得更不聪明了。他常常把活做坏。不是看错了线，就是锯短了料子，或把板子刨过了劲。三和尚的脸色一阵阵恼怒，却没有发作出来。可能是念他大病初愈。明子也在心里暗暗地骂："笨死了！"黑罐对自己自然也十分生气。

这天，明子陪主人上街买把手之类的东西，黑罐就在三和尚去自来水旁磨工具的一个小时里，锯了五根长料。三和尚回来后，也没看出什么来。那主人很精明，又有点谙木匠活，和明子回来后，拿出自己的卷尺来到处乱量，很快量到黑罐刚放的五根长料。他量了一遍，眉头就拧成了疙瘩。他没有吭声，又仔细量了一遍，脸冷冷地说：

时间一长，黑罐对两人也有了愧疚——自己没有出力干活，还要另外两人来照顾。黑罐虽然木讷，但也能感受到三和尚与明子对自己态度的变化。他拼命勉强自己，卖力干活，也是不愿意拖累他们。

"这料锯短了。"

三和尚说:"不能吧?是我放的线。"

主人说:"你自己量吧。"

三和尚抓过卷尺,立即过来量。量了一根,又量了其他四根。此时,他浑身气得直哆嗦,转过身来,朝黑罐的脸就是一耳光:"眼瞎了,还有两个窟窿呢!"

黑罐差点被打趴在地上。他用手捂住嘴巴,惊恐地望着三和尚。

主人望着五根锯断了的木料,心疼得仿佛将他的腿和胳膊各锯去了一截。但他没有发作,转身进屋去,又找出一些木料来,扔在地上。

被打蒙了的黑罐这时才清醒过来,争辩道:"我是照线锯的。"

三和尚从地上捡起锯下的一截木料,往黑罐眼前一伸,像要塞进黑罐的眼睛里:"你看看!仔细地看看!本来是当横料用的,一看木料不富裕,又改成了竖料,那横料的线都打了叉了!"

黑罐站在那里翻白眼。

明子看着地上的木料。那是上等的好木料:油松,红亮亮的,木质又紧又硬,没有一块疤痕。作为木匠,明子替黑罐感到了一种职业性的羞耻。他虽然有点怜悯黑罐,但心里总有一点累赘的感觉。

在给这位主人家做完一套家具之后,三和尚便请主人付工钱。

主人冷笑了一声:"工钱?先赔了那五根木料。"随即,他又从这套家具身上挑出一大堆毛病来,这些毛病并非杜撰,确实存在,大多又是由黑罐造成的。主人拿了一

受到主人的指责,三和尚赶紧量木料,结果怒气冲冲,打了黑罐。可怜的黑罐大病初愈,状况越来越差。

作为木匠,自然是很爱惜好木头的。明子也为黑罐锯坏的木头惋惜,认为他糟蹋了"木匠"这一职业的尊严,觉得他是一个累赘。冰冻三尺,非一日之寒。三和尚与明子对于黑罐的不耐烦,正是这段时间来积累的结果。这次的事件作为导火索,终于激化了矛盾。作者的详略处理非常得当——省去了其他的小事,将镜头聚焦到这"导火索"事件上。

只小电子计算器，当着三和尚的面把账算给他看。最后得出的结论是：一分钱工钱也不能给！

三和尚和明子急了，各拿一把斧头，扬言如果主人不给工钱，就劈了这些家具。

主人掉头朝屋里叫了一声："你们都出来！"

只见从屋里"呼啦"跑出五六条汉子来。其中还有两个警察（并非警察，是主人工厂的两个门卫）。一个个皆冰冷着脸，站在台阶上，居高临下地瞪着三和尚他们。那一对对眼睛在说：看谁敢动一动家具！

倒是主人有了宽容态度。他从怀里掏出一张五十块的票子来，递给三和尚："你们手艺确实很丑，但这几天也确实花了力气。这五十块钱就算是饭钱吧。"

三和尚不接这五十块钱。

一个大盖帽走上前来，把腰间的宽皮带挪了挪，对主人说："老周，这五十块钱不必给。把那么好的料锯坏了，家具做成这副样子，理应不给工钱。"

但主人摆出要把他的宽容态度坚持到底的样子，把钱塞到三和尚的上衣口袋里："走吧走吧。"仿佛他成了三和尚与台阶上那帮汉子之间的善良的中间人了。

三和尚和明子、黑罐僵着不挪动脚步。

又走出一个大盖帽。这人长得极威风。他将眼皮往上翻了一下，说："再不走，我让人将你们捆起来！"

主人连忙推三和尚："走吧走吧。"推了三和尚，又来推明子和黑罐。

三和尚和明子被这阵势吓唬住了，借着主人的力，朝门外退去。黑罐反倒敢赖着不走。因为这个结果是他一手造成的，他是个罪人，他应当豁出去。当几条汉子一起

这雇主也是一个精通人情世故的老手，抓住时间点，红脸黑脸并唱，连赖账都让他说得这么有模有样——三和尚和明子只能乖乖任其宰割。进城务工的木匠，境遇之悲惨可见一斑。

将目光转向他时，他竟赖坐在地上。那些汉子嘴里说着凶话，却不知在行动上怎么表现。三和尚返身进来，一把将黑罐从地上拎起："你走吧你！丢人现眼的！"

黑罐很是无趣，木呆呆地跟着三和尚和明子离开了这户人家。

当天晚上，三人无话可说。第二天，三和尚老早就起床，烟一根连一根地抽。等明子穿好衣服，对他说："你去等活。我今天有话要与黑罐说。"

明子已走出门去了，又走回来，站在窝棚门口，特地看了黑罐一眼。

三和尚从口袋里掏出一百块钱来，放在黑罐面前。

黑罐似乎明白三和尚的意思，又似乎不解，只是望着那笔钱，心中的情绪也不知是忧伤还是悲凉。

"你只能自己一人坐火车回家去了，我和明子都不能送你。"听三和尚的口气，仿佛已经与黑罐早谈过回家去的事了，现在只不过是谈有无人送他走的问题。

黑罐好像也准备好了要回家去似的，脸上并无惊愕之神态。

"不是我心狠，只是你学不了木匠手艺。你身体又不好，做木匠活要力气。"三和尚说。

黑罐点点头，似乎很诚恳地承认这一点。

"自己收拾东西吧。走得了，下午就走。走不了，明天再走。"

"嗯。"黑罐答应着，眼睛潮湿模糊起来。

三和尚又掏出十块钱来，放在那一百块钱上："路上要买东西吃。"他似乎不忍心看到这一幕似的，说完起身朝外走去。

▶ 黑罐也知道自己闯祸了——从他生病的这一个月来，他做错了很多，确确实实成了大家的累赘。他也不好意思继续留下来麻烦大家。老实善良的黑罐，自己心里也早就做好了离开的打算，所以他并不惊愕。

其实三和尚也有点不忍心，人总是有感情的，但是生活的艰辛却逼着他残忍。躲在外面，是因为他不愿意看见黑罐的离开，担心自己会心软，也不愿意直面自己的"冷血"。

这座城市究竟给黑罐带来了什么，是更多的金钱或是机会？对于黑罐而言，在这里确实有挣钱还债的希望，但是挣钱的机会在其他城市也有，为什么他独独喜欢这里？因为这里有他的师傅和明子——两个曾经教导过他、帮助过他的人。

黑罐突然叫了一声："师傅！"

三和尚像中弹一样站住。但他没有回头，说道："一路上要小心。到了家，给我们来封信。"他声音有点儿沙哑地说完，大步走出窝棚。

黑罐的泪珠扑簌扑簌地掉在地上。

三和尚一直躲在外面不回小窝棚。

下午三点钟的光景，黑罐已收拾好自己的行李。他在铺边上坐了一会儿，又流了一阵泪，然后依依不舍地出了小窝棚，把门关上，朝大街走去。

下了很长时间的雪刚刚停住，太阳就把明亮的光照耀到大地上。空气清冷，但并不使人感到冷冻难熬，而是使人感到一种凉丝丝的舒服。雪将空中的尘埃全都带到地上，因此，天空下呈现出少有的透明，很远很远的山峰和建筑物都能看到。这座城市本来就比较干净，一场大雪使它变得更加清洁。

黑罐留恋地望着这座既充满古典意味又富有现代气息的城市。他不可能在这么高的层次上来欣赏它，但他在心里喜欢这座城市。虽然它并不属于他——他最多不过是一个过客而已。

然而，他现在必须与它告别，重返宁静的乡村。

黑罐一点不感到身体的虚弱，把积雪踏得沙沙响。他走到地铁口，回过身来又望了望他早已熟悉的那些街道、那些楼房，然后往下走去……

明子一直不安地守在等活的地方。他预感到了要发生什么，可又不十分明确。关键是他不想明确。因为一旦明确，他就要判断，就要有自己的态度。他不想有自己的态度。

当鸭子把一封黑罐的信交给明子时，明子的预感突然明确起来：三和尚让黑罐回家去了！他心不在焉地与鸭子玩了一阵，太阳未落，就和鸭子分手，赶回小窝棚。

三和尚一直在外挨着，也刚刚回到窝棚。

明子一看屋里的变化，知道黑罐确实离开了。但他并没有引起多大的情感波动，自然也就没有对三和尚进行责问。他只是坐在那张与黑罐共用的床上发呆。

三和尚一根接一根地抽烟，像要把一辈子抽的烟现在一口气都抽完。

十七

天黑时，三和尚忽然变得轻松起来。他对明子说："现在就剩我们两个了。"在请明子下馆子吃饭时，他喝了不少酒，吃了不少菜，吃喝得有滋有味，不断地发出"咝"声，说"好酒""好菜"，一副真正轻松的样子。

吃罢饭，三和尚又掏钱请明子看了一场电影。

回到窝棚以后，三和尚说了许多话，都是讲以后他和明子两人将会怎样怎样，尽力描绘出黑罐被甩掉之后的好情景。他不停地讲这些，似乎是为了不让自己有任何空隙去感受自己打发黑罐走而引起的内心深处的不安。

明子一直沉默着。当灭掉烛光，突然意识到现在独自一人睡一个被窝之后，他对黑罐离开的感觉一下子变得

为什么明子不想有自己的态度？因为他自己也陷入了两难的抉择。留下黑罐吧，黑罐是个拖累，徒增烦恼；赶走黑罐吧，黑罐同他一路走来，帮助了他太多，这样的决定，于心何忍呢？

摆脱了黑罐，三和尚真的轻松了吗？恐怕未必。他强装出来的"轻松"，实际上正反映了他内心的空虚和歉疚。三和尚想通过下馆子的方式来缓解这种不安，也笼络明子。

过去，明子和黑罐是睡在一个被窝里的，是真正的朝夕相伴。在这个陌生的城市里，相信没有人比明子更亲近黑罐了。黑罐的离去，让明子产生了发自内心的孤独感。

强烈起来。被窝里很空洞，没了黑罐的温热，明子下意识地伸出脚去在被窝里来回寻找着。当终于明确了"黑罐走了"时，他感到有一股凉气从被窝那头朝脚心吹来，直钻到心里，并有一种孤独感。他不由得缩成一团。在黑暗中，他睁开双眼，心里想着的全是黑罐。想到黑罐总是闷声不响地躺着，毫无怨言地用自己的身体焐被他尿湿的被褥时，明子的心充满内疚。对于黑罐的走，他的态度很暧昧——不，他的潜意识里，也有一种轻松。只不过这种轻松并不强烈，他又不愿去想到它罢了。明子觉得自己很没有良心，为了自己多分得几个钱，竟然也和三和尚一样觉得黑罐占了自己的便宜，觉得黑罐是个累赘！他浑身发热，手心与脚心都出了汗。他一夜未能睡踏实。

干活时，三和尚总是轻声地哼着"快活调"，有时夸张地显出一种快活。但这分明是在掩饰内心深处不时泛起的不安。

明子闷闷不乐，埋头干活。他想忘记什么。可是忘记不了，内疚一阵阵袭来，叫他心灵发虚难熬。于是，他更加上劲地干活，让气力消耗产生的疲惫和筋肉紧张产生的酸痛来抵御心灵的负疚。与此同时，他对三和尚的恨也渐渐加大。因为毕竟是三和尚将黑罐甩掉的！

这天，三和尚收工回到窝棚后，拿出干净的换洗衣服，摘了假发，拿了毛巾和盆子，到附近的公用自来水洗去了。他要去找她。每回他在去找她之前，总要用香皂一遍又一遍地擦洗，然后换上干干净净的内衣。

明子久久地盯着三和尚的假发。他心里萌生起一种要让三和尚不痛快的念头。他走过来，把三和尚的假发塞到了三和尚的枕套里，然后走出了小窝棚，到大街上溜达去了。

三和尚洗得干干净净地回到了小窝棚，换了新的内衣，把袖子凑到鼻子底下，闻到一股香皂的气味，心里很满意。他拍了一下光头，便要去抓假发戴上，可是假发不见了。他一边奇怪，一边焦急地寻找。床上床下寻不着，他就摔被子掀枕头。横找竖找了一气，他恼火得使劲一拽衣领，拽脱了两个纽扣，他嘴里粗野地骂着，骂之不足，用脚踢翻凳子，踢之不足，把枕头抓起掼到墙脚上。折腾了一阵，原先洗得干干净净的身体，已是一身臭汗。他自然不能赤顶去见她，便坐在床上生闷气。**当他稍微能冷静思考问题时，便立即意识到假发突然失踪为谁所致了，就恶狠狠地倚在床头，等着"逍遥法外"的明子归来。**

明子偏要搅黄了三和尚今晚的计划，便在外面延宕，直到深夜了才回小窝棚。

三和尚的目光随着明子的走动而移动着："你今天干什么好事了？"

明子说："不知道。"

"你知道！"

"我不知道！"

三和尚的光头在烛光里闪亮："你把假发藏起来了。"

"……"

"你说，是不是你藏的？"

明子瞧见了墙脚上的枕头，便弯腰去捡，顺手将假发从枕套里拽出，一起抛向三和尚的床，说道："我没有藏！"

师徒朝夕相处，对方的小心眼、小伎俩，还是会被迅速识穿。

· 145 ·

明子之前通过捉弄三和尚，来缓解自己的愧疚感，因为命令终归是三和尚发出的——但在这里，三和尚的话一下子刺破了明子的"逃避"，让明子正视了自己的良心。要说明子自己也有赶走黑罐的想法，这也是不争的事实。

三和尚作为一个硬汉，在他思念李秋云、在受欺辱等诸多不如意中，也不曾哭过——而在这里他却落泪了。这是他在整部小说中第一次也是唯一一次落泪。他也觉得自己做错了，但他没有办法。
不同于明子的哭泣，三和尚的哭更有一种无奈的情绪。如果说明子是因为师兄弟情谊，三和尚所背负的更多——三和尚是两个孩子的师傅，他带着两个孩子，肩负着照顾两个孩子的责任，而他却亲手扔下了黑罐。这是千不该万不该的背叛，但这又何曾是他想做的呢？生活和工作都不允许。三和尚自己内心恐怕也是百感交集。

枕头与假发一起落在了三和尚的床上。三和尚冷笑了笑。过了一阵，他用一种很冷酷的语调说："你小子不要装好人！你难道不是也在心里希望黑罐走吗？！"

三和尚的话，像刀子一样刺破了明子为了逃避良心谴责而有意在心头笼起的一层薄雾，并且刺痛了他的心。他大声叫起来："是你把他赶走的！是你把他赶走的！"

三和尚坐直身子说："可你心里希望这样！"

"不是的！不是的！"明子的声音一下嘶哑起来，并颤抖起来，泪水涌出眼眶。他突然扑到床上，抱住被子，大声地哭泣起来。他用拳头抵住嘴，哭声便在喉咙里呜咽。

三和尚的心情很烦闷，便从床下摸出一瓶烈性白酒，用牙齿揭掉了瓶盖，也不要下酒的菜，一口接一口地光喝起来。他每喝一口，就闭一下眼睛咬一咬牙，仿佛被刀子捅了一下。

明子的哭泣慢慢减弱，直到没有声息。

但三和尚一瓶酒下肚后，却发了神经，吼起大悲调来。没有黑罐的胡琴伴奏，这光光的吼声，显得更粗糙，也更真实。吼着吼着，他竟然哭了起来，并且是号啕大哭。一半是醉，一半是因心中的种种悲伤和郁闷，他哭得毫无顾忌。他想说些什么，但因酒麻硬了舌头，只能发出呜呜噜噜的声音。

这难听的却直往人心里钻的哭声，使明子的心里产生了歉意。他走过来，给三和尚倒了一杯水，并递给他一块毛巾。

"是……是我……我撵……撵黑……黑罐走的……是……我……"三和尚望着明子说。

明子给三和尚铺好床，并把枕头垫高了一点，扶着三和尚让他慢慢地躺了下去。

三和尚又哭了一声，又呜噜了一阵。酒像蒙汗药一样开始麻痹他的神经，不一会儿他就昏昏沉沉地睡去。

此后的两三天里，明子和三和尚不多说话，只是用力干活。

又过了两三天，三和尚对明子说："写封信回去，让黑罐回来吧。"

明子点了点头。

大约过了半个月，这天傍晚，明子和三和尚收工回来，打老远处就听到小窝棚里传出胡琴声。两人站住了。**先是明子叫了起来："黑罐回来了！"紧接着，三和尚也大叫起来："是黑罐！"两人便朝小窝棚跑去。**

非常合适的留白——经历了前面的暂别，三人相见会是如何的情景呢？是热情的拥抱，是忏悔的痛哭，是看到黑罐恢复健康的欣喜，抑或是……有些情感是不需要文字去表现的，或者说是无法用文字去表现的。"此时无声胜有声"，留一些空白给读者去想象吧。

讨 论

▼

＞ 1 ＜

曾经，明子并不认同鸭子用蜡嘴叼钱，为什么明子现在却说鸭子放走蜡嘴很傻？

曾经，明子认为，鸭子用蜡嘴叼钱是不劳而获，坚持自己卖力气挣的钱才干净。他还拒绝鸭子递来的炸鸡腿，这是一种骄傲，也证明了明子刚到城市，还保留着淳朴本色。现在明子被钱压得抬不起头来，更知道金钱的重要性，已经无心顾及干净、高贵等外在的东西，因而认为鸭子放走蜡嘴这一行为很傻。明子前后态度的变化确实耐人寻味，作为鸭子哥哥一般的明子，他心里自然是希望鸭子能够走上正道，但他已经知道城里谋生的艰难。鸭子在不确保能够养活自己之前，贸然放走蜡嘴，明子担心没有一技之长的鸭子如何在这个城市生存下来，因而数落鸭子很傻。

〉 2 〈

捡到的外国钱，对师徒三人产生了怎样的影响？

明子师徒在干木匠活的时候无意中捡到几张外币，天降"巨款"让明子师徒陷入狂喜，觉得自己壮大了许多，对这些钱的用途的各种设想浸透了浪漫意味。外币也成为人性的试金石：明子趁人不备，私藏了一张一千面值的外币；为了独吞，三和尚还自导自演了"丢钱"的丑剧。纵然机关算尽太聪明，但这不过是命运开的一个玩笑——经鉴定，这几张外币早已是废纸。明子感觉自己的心被掏空；黑罐经受两次打击，两眼一黑，双腿一软，竟然跌坐在地上；三和尚有苦难言，故作大方。

〉 3 〈

三和尚为什么让黑罐回老家？又为什么写信把他叫回来？

长期辛苦的劳作，加上营养不良，让黑罐患了严重的贫血症，晕倒在垃圾堆旁。黑罐病了之后，三和尚一开始体贴入微，分他工钱，为他买滋补品，安慰他，但是逐渐失去耐心，觉得黑罐就是个累赘。明子也开始厌烦黑罐。黑罐一方面非常不安和歉疚，另一方面又焦躁敏感，使得关系更加尴尬。大病初愈的黑罐常常把活做坏，连累三和尚和明子拿不到工钱，三和尚觉得他彻底是个累赘，打发他回家。明子一方面也觉得黑罐很麻烦，但情感上毕竟有几分不舍，于是迁怒于三和尚。三和尚内心深处也很不安，但要以夸张的快乐掩饰不安，这加重了明子的怒气。他要通过跟三和尚作对，表明自己的立场，但同时明白自己内心深处的暧昧难言，这就使得明子格外拧巴。最终二人还是不舍黑罐，写信叫他回来。虽然，三和尚和明子都有自己的小算盘，有时候也不够义气，但淳朴的底色一直都在，这也是作者对人性本善的期许。

第六章

导 读:

1. 明子为什么不跟三和尚提起他接了一个大活?

2. 山羊为什么不吃天堂草?

3. 明子出师,带着鸭子上路了,你觉得他们的未来如何?

十八

明子在城市中度过了两个冬季，而这个冬季却更令他难忘——灰暗的天空、无力的阳光，这些肃杀的情景，正与他焦虑的内心相照应。

这一年的冬季，明子将永生难忘，很少有晴朗的白日，常常一整天见不到太阳。天有时灰蒙蒙的，有时呈土黄色，像烟熏的一样。即使有太阳，那太阳也是没有多大活力的样子，或呈淡黄色，或呈淡蓝色，仿佛是一枚秋夜的月亮。

明子的心情一直难以高涨。他希望这个冬季早点结束。当初春的太阳明亮地照耀下界时，他的心情也许会好转，也许会交上好运。他期盼着春天，从心的深处期盼。

然而，北方的冬天似乎漫无尽头。雪一场又一场地下着，凛冽的寒风随时呼号着掠过城市，把那些潮湿的黑褐色树枝撅断，把瘦瘦的衰草压趴到潮湿的泥土里。

明子确实不喜欢这样的冬季。

沉重的债务压垮了父亲，也给明子带来极大的压力，他迫切需要钱来拯救家庭。

黑罐的归来，使明子有过一阵心灵的轻松，仿佛一个有罪的人忽然没有了罪过。但黑罐带回来的消息（好几天以后，黑罐才说），使明子的心情仍如这冬季一样沉闷和灰暗：沉重的债务，已经压垮了他的父亲。父亲没有病倒，但精神上垮了，一天到晚把头低垂着，沉默寡言。

明子又来到等活的地方。

今天运气不错。大约下午三点钟，一个中年妇女骑车过来。她谁也不理，直奔明子，问："封阳台吗？"

"封。"明子立即站起身来。

"什么价钱？"中年妇女问。

"那要看阳台大小。"

那中年妇女显然是一个办事干脆的人，问："现在有空吗？"

明子当然这样回答："有。"

"跟我走。"

"怎么走？"

"坐在我车后。"

"警察看见了呢？"

"你这小木匠怎么婆婆妈妈的呢？让你坐你就坐。"

明子让鸭子看着漆板，坐了那中年妇女的车，随她走了。过了很长时间，那中年妇女把车骑到了一座新盖的大楼前停住，说："到了。"

明子用尺子量了量中年妇女家的阳台，计算一下，问："自家有木料吗？"

"没有。"

"包工包料？"

"包工包料。"

"五百块钱。"

"太贵了。"

"不贵。"

"贵。"

"四百六。"

"四百五！"

▶ 简短的对话，毫不拖泥带水，足见明子的机灵与业务娴熟。

"四百六！"

"四百六就四百六，活要干得好。"

"当然。"

"什么时候来做？"

"三天后。"

"快点不行？"

"那后天就来。"

上下左右的阳台上，伸出五六个脑袋来探问："是封阳台吗？"

明子答道："是"。

中年妇女看来热情爽朗，比较喜欢张罗。

中年妇女绝不是那种"只管自家门前雪，休管他人瓦上霜"的人物。她闻声后，上下左右地说道："是封阳台。你们封不封？封吧！封了又多块地方。封了家里干净。封了也安全。迟早总是要封的。就封了吧。"

有人问："包工包料多少钱？"

中年妇女说："四百六，不贵吧？"

没有人回答。但看得出来，这些人家似乎都打听过价格了，而四百六这个价格他们觉得是便宜的。

"这是我们老家的木匠！"中午妇女大声对那些人说罢，看了一眼明子后低声说："我为什么找你们来封阳台？前天，路过你们等活的地方时，我从你的口音里听出来，你是我们老家那一带的。那一带尽出好木匠。"她又大声对那些人说，"别犹豫了，封了吧！"

作者对人情的洞察着实让人惊叹。中年妇女的热心是因为性格，另一方面也是现实考虑。

这个中年妇女的热心一部分是因为性格，一部分是因为心理。她希望大家都将阳台封上，不然，这样就会显得像一个牙掉得还只剩一颗的老人。如果别人都不封阳台，那么她家被封闭的阳台——那一颗牙，是很让人尴尬的。

于是，她再一次鼓动邻居们："封吧！"

空间的狭小使人们对凡可能变为实用空间的任何空间，都显得斤斤计较。封阳台，便成为许多人家改善空间的一大措施。这些邻居本就打算封阳台的，经中年妇女这么一煽动，想想价格也很便宜，便纷纷过来与明子定下生意。

明子说："你们得先交一部分定金。"

众人有点犹豫。

明子说："我们想把木料一下子全都拉回来。我们拿不出这么多钱来去木工厂买木料。"

有人问："先交多少？"

明子答："二百块钱或一百五十块钱都行。"

众人想了想，觉得明子说的话倒也合情合理。买这么多木料，要花一大笔钱的，木匠们确实是垫不起的。于是，众人都在心里觉得先交一部分定金是应当的，促使他们最后付诸行动的是一个错觉：交就交，不要紧的，那木匠是505（那个中年妇女家的门号）老家的人，是跑不掉的。

> 对505老乡的间接信任，是一种独特的文化。

一共有六户人家要封阳台，明子收的定金整整有一千块。

明子把这一千块钱揣到贴身衣服的口袋里，并用一根别针封了袋口。

"后天早晨等你们。"中年妇女对明子说。

"后天早晨等。"明子说罢，离开这里。

照理说，明子应在当天晚上把这一消息告诉三和尚和黑罐——这是好消息，明子却一字未提。一晚上，明子的神情都很恍惚。在他心中，似乎有一个重大的"阴谋"在

> 明子为这一千块钱"心动"了，此刻他犹疑不决，所以一直在隐瞒。

一种欲望、一种处境的驱使下生成。他开始的意识并不清楚。他说不清楚对那笔钱的感觉，说不清楚究竟有一个什么鬼东西让他没有把封阳台的事以及收取一千块钱定金的事说出来。他一夜未眠。

第二天早晨，三和尚问明子："没有等到活吧？"

明子迟疑了一下，但很快明确地回答："没有等到。"

"那就接着等吧。"三和尚说。

明子没有去等活的地方。他又去了那个空旷的公园。冬天里，这个公园显得格外萧索和冷清。公园占地面积很大，有两个大湖，中间有一道堤岸。湖边，或是小山，或是林子，或是一片游乐场。此时，几乎没有一个游人。仿佛这个公园是一片离人群极遥远的不为世人所知的所在。

偌大一片天地，空荡荡，就明子一人晃悠。

满眼都是黑褐色的树，不时可见几只飞鸟赤裸于枝头，很漠然无神的样子。湖结了冰，但很薄，经不住风吹浪打，裂成一大块一大块。野鸭们或凫在水上，或歇在冰上。那冰是随风移动的，立在冰上的野鸭忽然感到远离了鸭群，惊叫着飞起，飞回到鸭群里。岸边被水镶了一道银色的边，随着浪的咬噬，便成了锯齿形。游船码头仿佛被人遗忘了上百年，几十条游船被拴在一起，在空而低的天空下，随着波浪做一种有规律的起伏，仿佛在向人显示自己的存在，希望人们能够注意它们一下。湖对面是一片林子，使人觉得那是一片潮湿的林子，仿佛大潮退去刚露出来的。林子后面可能有几户人家，因为，隐隐约约地可见到几缕炊烟。常常有一股小旋风，很寂寞地在湖上、在岸上、在坡上玩耍，把水旋成涡，把短草和尘埃旋到天空里。

▶ 此处的风景描写很好地调整了小说的节奏，叙述有张有弛，跌宕有致。

明子怀揣一千块钱定金，很不会思想地走着。他的心情一忽儿沉重，一忽儿紧张，一忽儿兴奋，一忽儿又变得很淡漠。

走累了，明子在向阳而又无风的湖坡上坐下来。

"这些人真马虎。也不怕我揣了这一千块钱，一溜烟跑了。如果跑了，他们只能干瞪眼睛。他们哪儿去找人？能跑吗？为什么不能跑呢？他们又不知道我住哪儿。以后换一个地方等活就是了，也不光是一个等活的地方。跑了就跑了，不跑白不跑。跑！怕什么？反正也抓不住我！算了，不要打这个主意。这个主意是个坏主意，是个缺德的主意。人不能这样，可不能这样！不就一千块钱吗？一千块钱有什么了不起？不值得。当然一千块钱也是不少的，寄回家去，能解决大问题。一千块钱，一千块呀，还少吗？不少啦！别太贪心了。你不敢，你生来是个胆小鬼，信吗？不信？那你揣了这一千块钱跑了给我看看！你是个孬种！可揣了人家的钱跑了，也算不得一条好汉！……"

一个明子变成两个明子，像两头天性好斗的牛，用了锋利的犄角，毫不留情地抵牾，各不相让。

明子忽然感到一种袭住全身的疲倦，斜卧在湖坡上，用软弱无力的目光，傻呆呆地看着湖水，过不一会儿，竟然睡着了。

惊醒明子的是扑通扑通的水声。明子侧过脸去看，见到在离他十多米远的地方，有十几个人正在冬泳。天寒地冻，竟然有人几乎光着身子下水游泳！明子感到惊奇，便立即跑过去看。那十几个人也并不是不怕冷，只是靠了一股勇敢，一股坚毅。他们在满是冰碴的水中痛快淋漓地游着，叫喊着，把冬季的凝固和沉闷打破了。他们的身体

凌乱的话语，正是明子内心斗争的写照。时而道德占了上风，时而欲望压过了良心。将"两个明子"比喻成"两头斗牛"，则是非常形象的。明子内心的挣扎，丝毫不逊于斗牛的抵牾。

冻得鲜红，仿佛被丝瓜瓤搓擦过。他们一半是为了锻炼肉体，一半是出于对抗的心理：看你冬天又能将我怎样！其中有一个少年，只不过十三四岁，瘦得很。他只穿一件小游泳裤衩，一直站在寒风里。他站得直挺挺的。他的意志只要稍稍松懈一下，就会因寒冷而双腿摇动，缩成一团。但他坚决地让自己的意志像钢铁一样强硬着。后来，他毫不犹豫地跳进水中，用身体扑出一团水花。他游着，神色镇定。

明子没有从这样的场景中获取高贵的诸如生命、意志力等方面的意义，而只感觉到了一点：无所畏惧。为什么无所畏惧，明子不想明白。此时此刻，他需要的仅仅是一种纯粹的心理能力：无所畏惧。他将手伸进怀里，摸了摸那一千块钱定金，一个念头坚定起来：跑掉！

他不再害怕，不再犹豫，也不再内疚。

晚上，当三和尚问他等到活没有时，他的回答毫不含糊："没有。"并补充了一句，"活就那么好等吗？"

五更天时，他又被这一千块钱定金惊醒了。人很奇怪，在白天和夜晚坚定了的念头，会在五更天时产生动摇。一个以为被放逐或忘记的念头，却会在你醒来之前先醒来，并使你惊醒。明子又惴惴不安起来，并且再也不能入睡。

这个今天，就是和那个中年妇女所约定的"后天"。

明子不愿再躺在那儿——只要躺在那儿，他就不安。他得起来——起来之后，人的心思就会有点变化。他起来后，说"我等活去了"，便离开了窝棚。他当然没有去等活，但也没有远走，他懒得远走。吃了两根油条一碗豆腐脑之后，他溜达到了那教堂跟前。

> 在沉重的现实压力下，明子想要铤而走险，拿着定金逃跑，但是他的良知告诉他这么做很缺德。这时他居然通过冬泳人的无所畏惧坚定自己携钱逃跑的念头，也是少年意气。

> 到底是做贼心虚，明子在夜深人静的时候，良心感到不安。

这座建筑对明子来说，充满了神秘感。

蓝天和白云衬着教堂顶上的高高的十字架。

对着教堂门口的梧桐树下，有一张铁椅。明子坐了下来，朝前望着。

现在是星期天上午，教堂的大门打开着。

明子望去，觉得前面是一个黑洞洞的巨大空间。那个空间给了明子一种奇怪的感觉，有点像小时候在深夜时忽然来到天穹下的感觉。

与喧哗和骚动的集市形成鲜明对比，这里显得十分庄严和宁静。教堂四周似乎洋溢着一种奇特的气氛，与它以外的世界分离开来，而成为一个独立的世界。来这里的人很少。明子坐在椅子上好半天，才见进去三个人。

"他们进去干什么呢？"明子不太明白。对于宗教，明子一无所知。在明子的意识里，宗教就是迷信。小时候，他许多次见到母亲到村后的庙里烧香，然后跪在地上，祈求菩萨保佑。母亲的样子很让他感动。但他也在心里发笑：菩萨？菩萨在哪儿呢？他觉得母亲以及刚才走进教堂的那三个人都很痴。但，明子隐隐约约的也有一种神圣感，不由地变得有几分肃穆。

那些走进那个空间的人（他们也许是消极的，空虚的），确实给了明子一个启示：这个世界上，还有一些钱买不到的东西。

什么东西是钱买不到的？人们为什么又需要这些用钱买不到的东西？

明子想不太明白。

不知什么时候，教堂响起钟声。这声音是古老的，苍茫的，深沉的，庄严的和神圣的。它在空气里传播着，并

教堂与人的内心相连接，让明子隐隐约约意识到了这世界上还有无法用金钱衡量的东西，又让他回想起了之前的羊群——"山羊不吃天堂草"。不得不感叹作者针线之妙。第一次描写教堂，是在小说的伊始，看似不经意的一笔。而在这里，这一建筑发挥作用，顺理成章地起到了串联全线的作用。

使空气震颤。

明子站了起来。

声音越来越响，前一声的余音还未消失，后一声就又响起，像海上的波浪朝天边涌去。

不知为什么，钟声使明子想起了与这钟声毫无关系的一幅情景：

天空下，那群羊在一只一只地倒下去……

十九

贫困像冬日的寒雾一样，一直笼罩着小豆村。

小豆村无精打采地立在天底下。有一条大河从它身边流过。那水很清很清，但一年四季，那河总是寂寞的样子。它流着，不停地流着，仿佛千百年前就是这样流着的，而且千百年以后可能还这样流着。小豆村的日子，就像这空空如也的水，清而贫。**无论是春天还是秋日，小豆村总是那样呈现在苍黄的天底下或呈现在灿烂的阳光里：一些低矮的茅屋稀稀拉拉地散落在河边上，几头猪在河边菜园里拱着泥土，几只羊拴在村后的树上啃着杂草，一两条很瘦很瘦的狗在村子里来回走着，草垛上或许会有一只秃尾巴的公鸡立着，向那些刨食的脏兮兮的母鸡们显示自己的雄风，几条破漏的半沉半浮的木船拴在河边的歪脖树上……小豆村毫无光彩。**

明子对小豆村有许多记忆。比如对路的记忆——

用插叙的方式，将明子在小豆村的遭遇一一展开。贫困笼罩着小豆村，就像寒雾一样无处不在。

此处的风景不同于"世外桃源"的娟秀明丽，是一个贫苦农村灰扑扑的形象。

这是通过明子的视角回忆小豆村，这样的回忆有太多的心酸，也有太多的"哀其不幸，怒其不争"的无奈。

村前有条路。这是小豆村通向世界的唯一途径。这是一条丑陋的路。它狭窄而弯曲，路两旁没有一棵树。说它是田埂更准确一点。一下雨，这条路就会立即变得泥泞不堪。那泥土极有黏性，像胶糖一样。如是穿鞋，就会把鞋粘住。因此，除了冬季，其他季节里碰到下雨，人们都把鞋脱了，光着脚板来走这条路。人们在这条路上滑着，把表层的烂泥踩蹭得很熟，不带一点疙瘩。那泥土里，总免不了含一些瓦砾和玻璃碎片，人们总有被划破脚的机会。因此，黑黑的泥土里，常常见到一些血滴。雨一停，风一吹，太阳一晒，这条路便很快干硬起来。于是，直到下一次大雨来临之前，这条路就一直坑坑洼洼的。那坑坑洼洼仿佛是永远的。晚间走路，常常扭了脚，或被绊倒，摔到路边的地里去。

比如对炊烟的记忆——

家家都有一个土灶。烟囱从房顶上冒出去，样子很古怪。这些灶与房子一起落成，都是一些老灶。一天三顿的烧煮，使烟囱严重堵塞。每逢生火做饭，烟不能畅通地从烟囱冒出，被憋在灶膛里，然后流动到屋子里，从门里，从窗子里流出。阴天时，柴禾潮湿，烟更浓，把屋里弄得雾蒙蒙的。那房顶是用芦苇盖的，天长日久，不及以前那么严密，有了许多漏隙，那烟便直接从屋顶上散发出去。远远地看，仿佛那房子是冬天里一个人长跑后摘掉了帽子，满头在散发热气。灶膛里的火都停了半天了，但房顶上的热气还要散发好一阵。屋子里，总有一股永恒的烟熏气味。

小豆村的人不大被人瞧得起。离村子五百米，铺了一条公路，并通了汽车。那汽车站一路驶过去，但就没有小豆村一站。

小豆村的人有一种压抑。这压抑从老人的心里传到了孩子心里。他们在心里积压着一种对这个世界的怨恨。他们对自己的处境虽然看上去已无动于衷，心底深处却埋藏着不安和不服。他们在一天的许多辰光，都会突然想到要推翻这个现实。他们的这一意识并不明确，却没有死亡。总有一天，他们要挣扎出这个困境。

后来，终于有了机会。小豆村的人从小豆村以外的世界感受到，现在他们可以照自己的思路去做事了。这个世界允许甚至鼓励他们按自己的心思去做事。压抑愈久，渴望愈大，做起来就愈有狠劲。没过几年，小豆村就有一些人家脱颖而出，一跃变成了富人。除了川子以外，还有好几户。有人家是靠一条小木船运输，仅仅三年，就发展成有三条二十吨以上的大运输船的小型船队。有人家是靠一座砖瓦窑而甩掉了穷样……**一家看一家，互相看不过，互相比着。死气沉沉的小豆村变得雄心勃勃，充满紧张。**

只有明子家依然毫无生气。于是，这个家便感到了一种压力。

明子有了一种羞愧感，并与一些玩得不分彼此的朋友生疏起来。他常常独自一人坐到河堤上去，望一只过路的船或望几只游鸭出神。有时他回过头来望有了生气的小豆村：从前的小豆村在一日一日地改换着面孔。灰秃秃的小豆村在变得明亮起来，草垛顶上的公鸡在阳光下闪着迷人的紫金色，连那些狗的毛色都变得光滑起来了。每逢这时，明子的目光总是不肯去看自家那幢低矮歪斜的茅屋。

明子与家里的人的关系都变得淡漠起来。

父亲的心情变得格外沉重。

世界的变化，打破了小豆村的平静。小豆村日新月异的面貌，也正是改革开放以来农村变化的缩影。然而在拼搏的道路上，并非都是一帆风顺的。有成功者，必然也有失败者。前人道"不患寡而患不均"，部分人的"异军突起"，更是加剧了村里人际关系的紧张程度。而小豆村人与人之间的竞争，也为明子家的遭遇埋下了伏笔。作者的目光锐利，他看到了巨变下乡村的进步，更看到了巨变过程中乡村经历的阵痛。

家庭的贫困使得早熟敏感的明子感到羞愧，并与家人情感淡漠，贫穷影响了家人间的关系。

终于有一天,父亲把全家人叫到一起,说:"我们家养一群羊吧。"

家里人都沉默着。

父亲说:"常有外地人用船装羊到这一带来卖,你们都看到了。那些羊与我们这儿的羊,种不一样。那些是山羊,一种特殊品种的山羊。听人说,如今外面市场上到处都要山羊皮。山羊皮比绵羊皮贵多了。这些天,我每天坐到河边上去等这些船。我与船家打听过多回了。一只小羊二十元钱,春天养到冬天,一只羊就能卖五十或六十块钱。如果养一百只羊,就能赚三四千块钱。我们这儿什么也没有,但到处有草。养羊,只需掏个本钱。把家里的东西卖一些,虽然不值钱,但总能卖出一些钱来的。然后再跟人家借,人家总肯借的。"

父亲的计划和精心计算被和盘托出后,全家人都很兴奋和激动。

当天晚上,父亲就出去跟人家借钱了。

第二天,全家人就开始在一块菜园上围羊栏。打桩、编篱笆、盖棚子……全家人带着无限的希望,起早摸黑,不知疲倦地劳动着。

一切准备就绪,明子和父亲就天天守在河边上,等那些卖山羊的船。

这天中午,明子终于见到了一只卖山羊的船,站在大堤上,向家里人喊:"卖山羊的船来了!"

全家人闻声,放下饭碗都跑到河边上。

一叶白帆鼓动着一只大船朝这边行驶过来。这只大船装了满满一舱山羊,远远就听见它们咩咩的叫唤声。那声音嫩得让人爱怜。

明子的父亲迫切想要发家致富,养羊成为这个家庭的希望。

明子迎上前去，朝大船的主人叫道："我们要买羊！"

白帆咯嗒咯嗒落下了，掌舵的一扳舵，大船便朝岸边靠拢过来。

那山羊真白，在船舱里攒动，像是轻轻翻动着雪白的浪花。

父亲问船主："多少钱一只？"

船主答道："二十二块钱一只。"

父亲说："太贵了。前些天，从这儿过去好几只船，都只卖十八块钱一只。"

"多少？"船主问。

"十八块钱一只。"父亲说。

船主说："这不可能。"

明子一家人纷纷证明："就是十八块钱一只。"其实，谁也没有见到只卖十八块一只的卖山羊船。

船主问："那你们为什么不买呢？"

父亲说："当时钱没凑够。"

"买多少只？"船主问。

父亲用很平静的口气答道："一百只。"

这个数字使船主情不自禁地震动了一下。他想了想说："如果说前头你们真的见到有人卖十八块一只，那我敢断言，他的羊没有我们的羊好。你们瞧瞧舱里这些羊，瞧瞧！多白，多俊，养得多好！"

这确实是父亲这些天来见到的最漂亮的羊。但他按捺住心头的喜悦说："羊都一样的。"

船主坚持说："羊和羊不一样。种不一样！你们看不出来？真的看不出来？你们会看羊吗？"

饶有趣味的讨价还价，充满了乡土气息。明明是"说谎"，但作为讨价还价的一种策略，让人会心一笑，明子的机灵看来有遗传基因。

"能还个价吗？"父亲说。

船主说："还吧。"

"十九块钱一只。"父亲说。

"不行，二十块钱一只，差一分钱也不卖。"船主摆出欲要扯帆远航的架势来。

家里人便小声与父亲嘀咕："二十就二十。"

"二十能买了。"

父亲说："行，二十！"

数羊、交钱，一个多小时之后，一百只羊便由船舱过渡到河坡上。

船主一边扯帆，一边对明子一家人叮嘱："你们好好待这群羊吧。这群羊生得高贵。"

全家人朝船主点头、挥手，用眼睛告诉船主："放心吧。"

羊群从河坡上被赶到河堤上。此时正是中午略过一些时候，太阳光灿烂明亮地照着大地。那群羊在高高的大堤上，发出银色的亮光。羊群在运动，于是这银色的光便在天空下闪烁不定。小豆村的人先是远眺，最后都纷纷朝大堤跑来。

最后，小豆村的人几乎都来到了大堤上。

明子一家人意气风发，一脸好神采，或站在羊群中，或在羊群边上将羊们聚拢着不让走散。他们并不急于将羊赶回羊栏，都想让羊群在这高高大堤上，在那片阳光下多驻留一会儿。

从远处低洼的田野往这儿看，羊群与天空的白云融合到一起去了。

明子站在羊群中，心中含着得意、激动和骄傲。他摆

船主的特意叮嘱，是托付，也是一大伏笔。

明子一家的扬眉吐气——他们刻意不把羊赶回去，也是一种炫耀，想向大家证明，明子家要翻身了。

出一副小羊倌的样子，仿佛他早已熟悉了这群羊，并能轻松自如地控制和指挥它们。他有时挺着胸膛站着，有时弯下腰去，轻轻抚摸着一只在他身旁缠绵的山羊。此时，他心里蓄满了温和与亲密。

明子的一家人，朝乡亲们不卑不亢地微笑着。

这群羊拨弄了小豆村的人的心弦，发出一种余音不断的响声。

父亲说："把羊赶回栏里吧。"

明子跑到羊群边上，挥动双手，将羊群轰赶着。

羊群朝大堤下流去。当它们离离拉拉地涌动着出现在坡上时，远远地看，像是挂了一道瀑布，在向下流泻。

小豆村的人们一直前呼后拥地跟着羊群。此时此刻，他们对羊群的价值还未进入功利性的思考，心中有一种激动和兴奋，那是审美的。是因为那群羊那么漂亮，又那么多。他们曾见过河坡上三三两两地有几只土种山羊在啃草，没见过这么一大片羊，更未见过如此让人着迷的羊。

羊群被赶回到了栏里。

小豆村的人围着羊栏又看了好一阵，才慢慢散去。

但明子一家人一直守着羊栏观看着。因为，它们是他们的全部希望。母亲把割来的一大筐草，一把一把地撒在栏里。羊们吃起来。羊这种动物不像狗又不像猪。狗吃东西一副凶相，猪吃起来样子很丑，并且无论是狗还是猪，在吃食物时如有同类在场，就会龇牙咧嘴地争抢，并在喉咙里发出很难听的声音。羊吃东西很文静，并且绝不与同伴争抢。当一只小个山羊悬起前腿，用软乎乎的舌头舔母亲的手背时，母亲哭了起来。

父亲一直不吭声，以一个固定的姿势趴在羊栏的柱子

一道瀑布，写出羊群的洁白与活力，乡亲们最开始是被山羊的漂亮吸引的。

通过与狗和猪的比较，凸显山羊吃草的文静，强调山羊的高贵洁净。

上，一根接一根地抽烟。

一直处于亢奋状态的明子，现在平静了一些，开始仔细观察这群小东西：

它们的毛色白中透出微微的金黄，毛是柔软的，随着微风在起伏着；四条腿是细长的，像是缩小的骏马的腿，蹄子呈淡红色或淡黄色，并且是晶莹透亮的；额上的毛轻轻打了个旋，细看时，觉得那是一朵花；鼻尖是粉红色的，像是三月里从桃树下走，一瓣桃花飘下来，正好落在了它们的鼻尖上；眼白微微有点红，眼珠是黑的，黑漆漆的；公羊们还都未长出犄角，头顶上只有两个骨朵。

明子更喜欢它们的神态：

淘气，纯真，娇气而又倔强，一有风吹草动就显出吃惊的样子，温顺却又傲慢，安静却又活泼，让人怜爱却又不时地让人生气……

明子喜欢它们。

明子特别喜欢它们中间的一只公羊。那只公羊在羊群里是个头最大的。它让人一眼认出来，是因为它的眼睛——它的两眼下方，各有一小丛同样大小的黑色的毛。这两块黑色，使它更显出一派高贵的气息。它总是立在羊群的中间，把头昂着。它的样子与神气，透着一股神性。明子很快发现，它在羊群中有一种特殊的位置：羊们总是跟随着它。

明子长时间地盯着它，并在心中给了它一个名字：黑点。

全家人守着羊群一直到天黑。夜里，父亲和明子又几次起床来观望它们。夜空下，父子俩谁也不说话，只是静静地看着安恬地休息着的羊群。明子对羊群的情感充满了诗意。他很浪漫地想象着以后与羊们相处的时光。

直到月亮挂到西边槐树的树梢，明子才和父亲进屋睡觉。

此后，这群羊的放牧，主要由明子来负责。明子心情愉快地充当着羊倌的角色。明子爱这群羊，以至忘记了养这群羊的实际目的。他几乎整日整夜地与它们厮守在一起。他跟它们说话发脾气，他向它们讲故事唱歌，他与它们嬉闹，他与它们一起歇在河坡上，静穆地仰望着蔚蓝纯洁的天空。当他离开羊群时，黑点居然带领羊群去寻找他，要不就咩咩地叫，直至把他唤到它们身边。

暮春时节，天气已十分暖和，草木亦已十分茂盛。田埂上、小河旁、河坡上，到处长满鲜嫩的草。这儿的人对草的价值历来没有意识。这些草每年春天发芽，继而随着阳光日甚一日地暖和而变得葱茏繁茂，但没有人理会，直到秋风将它们吹成枯萎一片。最多在冬日来临之前被一些人家用筢子划拉去当柴禾用。没有人家用它来养兔，只有几户人家偶尔想起来养几只羊，然后将它们放到河坡或田埂上去随便啃几口。

现在，明子家的一百只羊，有足够的草吃。明子可以挑最好的草地来放牧。这里的草似乎特别能养羊，明子家的羊一天一个样地在长大。那白色的羊群，在一天一天地膨胀着，那白白的一片，变成一大片，更大的一大片，如同天空的白云被吹开一样。最能使明子感觉到羊们在长大的，是它们在通过羊栏前的田埂走向草地时。过去，那一百只羊首尾相衔只占半截田埂，而现在占了整整一条田埂。打远处看，那整整一条田埂都堆满了雪或是堆满了棉花。

孩子是天然与动物亲近的。对于明子而言，这些羊已经超越了赚钱的目的，是与他朝夕相伴的好朋友。

明子家的羊一天天在长大。为了让这种长大变得形象直观，作者先是用天空白云被吹开作比喻，紧接着又用一条田埂和半截田埂作比较，最后还拉远了看，整条田埂都堆满了雪或棉花，也写出羊群的洁白壮观。

公羊们已长出了犄角，并且开始互相用犄角顶撞。

黑点的犄角长得最长，金黄色的，透明的。

所有的羊，身上的毛都变长了，尤其是蹄子以上的毛，毛茸茸的一圈，十分好看。

明子隔不了几天，就把羊们赶进水里一次，以使它们能永远有一个清洁的身子。因此，这群羊总是雪白的一片，几里外都能看见。这白色在林子间闪烁着，在草丛中闪烁着，或和白云一起，倒映在水中，或飘游在大堤上，让远处的眼睛误认为是天上的云。

这群羊使明子一家人振作了精神，眼中有了自信和豪迈的光芒。它们向明子一家人也向小豆村的男女老少预示着前景。这群似乎总在流动的白色的生命，像梦幻一样使明子一家人感到飘飘然。

羊群给了明子更多的想象。他常情不自禁地搂住其中一只的脖子，将脸埋在它的毛里爱抚着。他或跟随它们，或带领它们，或站在它们中间，或坐在一旁观望，或干脆在它们歇脚时，仰面朝天地躺在它们中间，用半醉半醒的目光去望天空悠悠的游云。明子不会唱歌，而且又正在变嗓子，因此唱起歌来很难听。但，现在的明子常常禁不住地唱起来：

> 正月里正月正，
> 家家门口挂红灯。
> 又是龙灯又是会。
> 爷爷奶奶八十岁。
> 二月里二月二。
> 家家撑船带女儿。

这群羊曾经带给明子家很大的满足，让他们骄傲，但是"像梦幻一样"这一说法似乎别有深意。

我家带回一个花大姐，

你家带回一个小丑鬼。

……

这声音只有高低，却没有弯曲和起伏，直直的，像根竹竿，说是唱，还不如说是叫。明子自己听不出来，只顾可着劲地叫。他心中的快乐和喜悦，只有通过这种叫，才能充分地抒发出来。他先是躺着叫，后来是坐起来叫，再后来是站起来叫，最后竟然跳起来叫。这声音在原野上毫无遮拦地传播开去。在他唱歌时，羊们总是很安静地歇在他身边，偶尔其中有一只羊咩咩地配以叫唤，仿佛是一种伴唱，别有一番情趣。

在那些日子里，明子尽管起早摸黑地养羊，尽管累得很瘦，但两眼总是亮闪闪的充满生气。

不知从什么时候开始的，小豆村有好多户人家也动起了养羊的念头，这或许是在明子的父亲将心中一本账情不自禁地给人算出之后，或许是当那些羊群走满一田埂之后，或许更早一些——在这群羊刚从船上买下后不久。总而言之，现在有五六户人家真的要养羊了。

说也奇怪，那卖山羊的船也多了起来，几乎每天有一两条这样的船不知从什么地方而来，仿佛在很远很远的地方，那些山羊生活的地面很快要沉落下去，它们必须要一批一批地立即运到别处去。又仿佛不知在什么地方，有一台生产山羊的巨大的机器，每天都要生产出很多一模一样的山羊来，然后由一些人用船装走贩卖掉。这些船主也一个比一个地更能吹嘘养羊的实惠之处，并一个比一个地更能打动人心。

曾经放羊的明子那么快乐，只有通过喊叫，才能抒发他的情感、他的快乐。这些回忆总是让人莫名哀伤，在都市里苦苦打拼、苦苦挣扎的明子再度回忆起曾经那么单纯的快乐，是否有恍如隔世之感？

村民似乎都看见了养羊的实惠，但并没有衡量其中的风险，只看到自己想要的前景。没有通盘的筹划，扎堆做某事，这是很危险的。

仅仅一个星期，六户人家都买下了一群羊。有五十只的，有三十只的，还有超过明子家的羊的数目的——一百一十只。

不是从船上卸下一块一块石头，而是一条一条活活的生命。它们要吃——要吃草！

起初，谁也没有意识到日后将会发生灾难。明子家人在看到第一户人家买了一群羊以后，仅仅是觉得威风去了一些，但并无恐慌。即使第六户人家把一群羊买下，明子家的人放眼望去，见到到处是羊群时，也还没有意识到一种要命的危机。

但明子停止了歌声。他觉得自家已无突出之处，他自己已无骄傲之处。六户人家的羊群，冲淡了他心头的快乐。

没过多久，明子家和那六户养羊的人家都开始恐慌起来：草越来越少了！

好几百张嘴需要不停地啃，不停地咬，不停地咀嚼，当它们"一"字摆开时，它们能像卷地毯一样，将绿茵茵的草地顿时变成一片黑褐色的光土。**白色向前移动，前面的绿色就会随之消失，如同潮水退下去一般。**随着它们的长大，对青草的需求量也在增大。现在，羊群的主人已顾不上选择草地了，哪儿有草就把羊群往哪儿赶。羊吃光了好草，只能吃一些它们不爱吃的劣等草了。不久，连劣等草也啃光了。小豆村四周，除了庄稼和树木，已无一丝绿色，仿佛被无数把铁铲狠狠地铲了一遍。饥饿开始袭击羊群，从前欢乐的"咩咩"声，变成了饥饿的喊叫。一些羊开始悬起前蹄去叼榆树叶子，甚至违背了羊性爬到树上去够。有些羊铤而走险，不顾湍急的水流，走到水中去啃咬

攀比心理，给明子带来的小小失望。然而，明子当时并没有意识到巨大的危机正在逼近。

"白色"指羊群，"绿色"指草地，这里使用了借代的手法，形象地写出了羊群与草地间的关系，草地已经不能负荷羊群。

水中的芦苇、野茭白和野茨菇。

村里的人见到这番情景说："再下去，这些羊是要吃人的！"

人倒没有吃，但，它们开始袭击菜园和庄稼地。它们先是被主人用皮鞭或树枝抽打着，使它们不能走近那些不能被啃咬的绿色。**但，饥饿终于使它们顾不上肉体的疼痛，不顾一切地朝那一片片绿色冲击，其情形仿佛被火燃烧着的人要扑进河水中**。主人们慌忙地轰赶着。但赶出这几只，那几只又窜进了绿色之中。于是，菜园和庄稼地的主人便与羊的主人争吵，并大骂这些不要脸的畜生。争吵每天都在发生，并且隔一两天就要打一次架，有两回还打得很凶，一位菜园的主人和一位羊的主人都被打伤了，被家人抬到对方家中要求治伤。

羊群使小豆村失去了安宁和平和。

明子的父亲愁白了头发。明子的母亲望着一天一天瘦弱下去的羊哭哭啼啼。明子守着他的羊群，眼中是疲倦和无奈。他也一天一天地瘦弱下去，眼眶显得大大的。

养羊的人家互相仇恨起来。明子恨那六个后养羊的人家：不是他们看不过也养了羊，我们家的羊是根本不愁草的。而那六户人家也毫无道理地恨明子家：不是你们家开这个头，我们做梦也不会想到养羊。其情形好比是走夜路，头里一个人走了错路，后面跟着的就会埋怨头一个人。那六个人家之间也有摩擦。养羊的互相打起来时，村里人就都围过来看热闹，看笑话。

明子他们不得不把羊赶到几里外去放牧。可是他们很快就发现，几里外也有好多人家养了羊，能由他们放牧的草地已很少很少。几天之后，这很少的草地也被羊们啃

> 像"燃烧着的人要扑进河水中"，这一比喻写出了羊群被饥饿灼烧，拼命去吃庄稼的样子。

光。要养活这些羊，就必须到更远的地方去。然而，他们已经疲惫，不想再去为羊们寻觅生路了。**六户人家中，有三户将羊低价出售给了屠宰场，另外三户人家将羊以比买进时更低的价格重又出售给了那些卖山羊的船主。**

现在，又只有明子一家有羊了。但，他们面对的是一片光秃秃的土地。

他们把羊群放进了自家的庄稼地。那已是初夏时节，地里的麦子长势喜人，麦穗正战战兢兢地抽出来到清风里。

母亲站在田埂上哭起来。

但羊们并不吃庄稼。虽然它们已经饿得东倒西歪了。当有一只羊要去啃一口麦子时，黑点猛地冲过去，用犄角将它打击了一下，那只羊又退回羊群。

母亲哭着说："乖乖，吃吧，吃吧……"她用手掐断麦子，把它送到羊们的嘴边。

明子大声地命令着黑点："吃！吃！你这畜生，让它们吃呀！不吃会饿死的。你们饿死，于我们有什么好！"他用树枝轰赶着羊群。

羊们吃完庄稼的第二天，小豆村的人发现，明子和他的父亲以及那一群羊一夜之间，都突然消失了。

当村里人互相询问人和羊去了哪儿时，明子和父亲正驾着一只载着羊群的大木船行驶在大河上，并且离开小豆村有十多里地了。他们要把羊运到四十里水路以外的一个地方去。那儿有一片草滩。那年，明子和父亲去那儿割芦苇时，见过那片草滩。那是一片很大的草滩，隐匿在茫茫的芦荡之中。谁也不会想起来打那片草滩的主意的。明子和父亲带上了搭草棚的木料和绳子，并带足了粮食和衣服。**他们将在这里伴随着羊群，直到它们养得膘肥肉壮。**

父子俩日夜兼程，这天早晨，大船穿过最后一片芦苇时，隔了一片水，他们看到了那草滩。当时，早晨的阳光正明亮地照耀着这个人迹罕至的世界。

这片绿色，对明子父子俩来说，意味着什么呢？

这绿色是神圣的。

明子父子俩不禁将大船停在水上，站在船头向那片草滩远眺。

阳光下的草滩笼了一层薄薄的雾，那雾像淡烟，又像是透明而柔软的棉絮，在悠悠飘动，那草滩随着雾的聚拢和散淡而变化着颜色：墨绿、碧绿、嫩绿……草滩是纯净的，安静的。

父亲望着草滩，几乎要在船头上跪下来——这是救命之草。

明子的眼中汪满了泪水，眼前的草滩便成了朦胧如一片湖水的绿色。

羊们咩咩地叫唤起来。过于寂寞的天空下，这声音显得有点荒凉和愁惨。

父子俩奋力将大船摇向草滩。还未靠近草滩，明子就抓了缆绳跳进浅水里，迅速将船朝草滩拉去。船停稳后，父子俩便立即将羊一只一只地抱到草滩上。因为羊们已饿了几天了，这些可怜的小东西，在父子俩手上传送时，十分乖巧。它们已经没有剩余的精力用于活泼和嬉闹了。它们瘦骨嶙峋，一只只显出大病初愈的样子。它们全部被抱到草滩上之后，并没有因为见到草而欢腾起来，相反却淡漠地站在那儿不动，让单薄的身体在风里微微打着战。

父亲说："它们饿得过火了，一下子不想吃草，过一

▶ "神圣"这一字眼很耐人寻味。一片草地为何神圣？对明子的山羊而言，这是一片赖以活命的草地；对明子家而言，这是摆脱困境的可能。但是这神圣不仅仅是对于明子的意义：这片草地在大自然的滋养下，是这么完美，虽然无主却更有一种"可远观而不可亵玩"的庄严感。也许它还包含了更多的内容……

会儿就会好的。"

明子要将它们往草滩深处轰赶，可黑点坚持不动，其他的被迫前进了几步后，又重新退了回来。

父亲说："它们没有劲了，让它们先歇一会儿吧，让风吹它们一会儿吧。"

父子俩也疲乏极了。父亲在草滩上坐下，明子索性让自己浑身放松，躺了下来。

大木船静静地停在水湾里，仿佛是若干年前被人遗忘在这儿的。

羊群固守在水边，不肯向草滩深入一步。一只只神情倒也安然。

父子俩忽然有了一种荒古和闲散的感觉，便去仔细打量那草……

这草滩只长着一种草。明子从未见过这种草。**当地人叫它为"天堂草"。这个名字很高贵。它长得也确实有几分高贵气。首先给人的感觉是它长得很干净，除了纯净的绿之外，没有一丝杂色。四周是水，全无尘埃，整个草滩更显得一派清新鲜洁。草叶是细长条的，自然地长出去，很优雅地打了一个弧形，叶梢在微风中轻轻摆动，如同蜻蜓的翅膀。叶间有一条淡金色的细茎。那绿色是透明的，并且像有生命似的在叶子里静静流动。草一株一株地长着，互相并不摩擦，总有很适当的距离，让人觉得这草也是很有风度和教养的。偶然有几株被风吹去泥土而微微露出根来。那根很整齐，白如象牙。一些株早熟了一些时候，从其中央抽出一根绿茎来，茎的顶部开出一朵花。花呈淡蓝色，一种很高雅的蓝色，微微带了些忧伤和矜持。花瓣较小，并且不多，不像一些花开时一副张扬的样子。**

淋漓极致的描写。这草无论从外形、颜色还是香气，都有一种超脱凡尘的优雅。显然，这是一种很珍贵的草，无怪被冠以"天堂草"之名。

就一朵，并高出草丛好几分，自然显得高傲了一些。花有香味，香得不俗，是一种人不曾闻到过的香味。这香味与阳光的气息、泥土的气息和水的气息溶在一起，飘散在空气里。

父亲不禁叹道："世界上也有这样的草。"

明子正在看一只鲜红欲滴的蜻蜓在草叶上低低地飞，听了父亲的话，不禁伸出手指去，轻轻拂着草叶。

父亲的神态是安详的。因为，他眼前的草滩几乎是一望无际的，足够羊们吃的了。

可是，羊群也歇了好一阵了，风也将它们吹了好一阵了，却不见有一只羊低下头来吃这草。

父子俩微微有点紧张起来。

"它们也许没有吃过这种草。"明子说。

父亲拔了一株草，凑到一只羊的嘴边去撩逗它。那只羊闻了闻，一甩脑袋走开了。

"把它们向中间轰！"父亲说，"让它们先闻惯这草味。"

明子从地上弹跳起来，与父亲一道轰赶着羊群。轰得很吃力，因为羊群竭力抵抗着。轰了这一批，那一批又退回来。父子俩来回跑动着，大声地吼叫着，不一会儿工夫就搞得气喘吁吁、大汗淋漓。几进几退，其情形像海浪冲刷沙滩，呼呼地涌上来，又哗哗地退下去，总也不可能往前再去。

明子有点火了，抓着树枝朝黑点走过来。他大声地向它发问："为什么？为什么不肯进入草滩？"

黑点把头微微扬起，一副"我不稀罕这草"的神情。

"走！"明子用树枝指着前方，命令黑点。

明子和父亲一起轰赶羊群，但是羊群对天堂草异常抵制，不肯向草滩深入一步，用海浪冲刷沙滩、涌上来、退下去作比喻，写出了羊群和父子间的角力与羊群对草滩的拒绝。

黑点纹丝不动。

明子把树枝狠狠地抽下去。

黑点因疼痛战栗了一阵，但依然顽固地立在那儿。

于是，明子便更加猛烈地对黑点进行鞭挞。

黑点忍受不住疼痛，朝羊群里逃窜。羊群便立即分开，并且很快合拢上，使明子很难追到黑点。

明子有点气急败坏，毫无理智又毫无章法地追赶着黑点。他越追心里越起急，越起急就越追不上，不由得在心里发狠："逮着你，非揍死你不可！"当他终于逮住黑点后，真的拳脚相加地狠揍了它一通。

这时，父亲赶过来，与明子通力合作，将黑点硬拽到草滩中央。明子让父亲看着黑点，自己跑到羊群后面，再次轰赶羊群。因黑点已被拽走，这次轰赶就容易多了。羊群终于被明子赶到草地中央。

明子和父亲瘫坐在草地上，心中升起一个特大的疑团：这群羊是怎么了？为什么要拒绝这片草滩呢？这片草滩又怎么了呢？

明子闻闻小蓝花，花是香的。

父亲掐了一根草叶，在嘴里嚼了嚼，味道是淡淡的甜。

父子俩不解，很茫然地望草滩，望羊群，望那草滩上的三两株苦楝树，望头顶上那片蓝得不能再蓝的天空。

使父子俩仍然还有信心的唯一理由是：羊没有吃过天堂草，等闻惯了这草的气味，自然会吃的。

他们尽可能地让自己相信这一点，并且以搭窝棚来增强这一信念。

羊群一整天就聚集在一棵楝树下。

黑点是羊群的"头羊"，受到羊群中其他羊的"拥戴"。要让羊群们吃草，首先需要让黑点"就范"。明子和父亲对这一点是了然于心的。尽管黑点是明子的好伙伴，但是他此刻的焦虑心情，让他对倔强的黑点动起了手。

其实读者心中也有同样的困惑，但是，或许有的事情就是令人困惑，大自然有多少让人出乎意料的安排啊。

不可思议的是，这片草滩除了天堂草之外，竟无任何一种其他种类的草存在。这使明子对这种草一下少了许多好感。明子甚至觉得这草挺恐怖的：这到底是一种什么样的草呀？

除了天堂草，只有几株苦楝树散落在滩上，衬出一片孤寂和冷清来。

搭好窝棚，已是月亮从东边水泊里升上芦苇梢头的时候。

明子和父亲坐在窝棚跟前，吃着干粮，心中升起一股惆怅。在这荒无人烟的孤僻之处，他们只能面对这片无言的夜空。他们说不清楚天底下究竟发生了什么，也不知道后面将会发生什么。他们有点恍惚，觉得是在一场梦里。

月亮越升越高，给草滩轻轻洒了一层银色。此时的草滩比白天更迷人。这草真绿，即使在夜空下，还泛着朦胧的绿色。这绿色低低地悬浮在地面上，仿佛能飘散到空气里似的。当水上吹来凉风时，草的梢头便起了微波，在月光下很优美地起伏，泛着绿光和银光。

饥饿的羊群，并没有因为饥饿而骚动和喧嚷，却显出一种让人感动的恬静来。它们在楝树周围很好看地卧下，一动不动地沐浴着月光。在白色之上，微微有些蓝色。远远看去像一汪水泊，又像是背阴的坡上还有晶莹的积雪尚未化去。公羊的犄角在闪亮，仿佛那角是金属的。

只有黑点独自站在羊群里。

明子和父亲还是感到不安，并且，这种不安随着夜的进行，而变得深刻起来。

父亲叹息了一声。

明子说："睡觉吧。"

> ▶ 在月光照耀下，草的梢头如微波荡漾，亦真亦幻。这仙境一般的环境，更为草增添了神秘感。

父亲看了一眼羊群，走进窝棚里。

明子走到羊群跟前，蹲下去，抚摸着那些饿得只剩一把骨头的羊，心里充满了悲伤。

第二天早晨，当明子去将羊群轰赶起来时，发现有三只羊永远也轰赶不起来了——它们已在皎洁的月光下静静地死去。

明子蹲在地上哭了起来。

父亲垂着脑袋，并垂着双臂。

然而，剩下的羊依然不吃一口草。

明子突然从地上弹起来，一边哭着，一边用树枝胡乱地抽打着羊群："你们不是嚷嚷着要吃草的吗？那么现在为什么不吃？为什么……"

明子走到羊群跟前，蹄子叩动着草滩，发出扑通扑通的声音。

父亲低声哀鸣着："这么好的草不吃，畜生啊！"

明子终于扔掉了树枝，软弱无力地站住了。

父亲弯腰拔了一株天堂草，在鼻子底下使劲闻着。他知道，羊这种动物很爱干净，吃东西很讲究，如果一片草被小孩撒了尿或吐了唾沫，它就会掉头走开去的。可是他闻不出天堂草有什么异样的气味。他想：也许人的鼻子闻不出来吧？他很失望地望着那片好草。

阳光灿烂无比，照得草滩一派华贵。

羊群仍然聚集在苦楝树周围，阳光下，它们的背上闪着毛茸茸的金光。阳光使它们变得更加清瘦，宛如一匹匹刚刚出世的小马驹。它们少了羊的温柔，却多了马的英俊。

就在这如此美好的阳光下，又倒下去五只羊。

左侧批注：

三只羊在月光下死去，但是它们的同类依然拒绝吃天堂草，哪怕饿死。明子一边哭，一边抽打羊群，发泄的是怒气，是困惑，更是绝望。

作者"以乐景写哀"，在灿烂的阳光下，羊群更加清瘦、英俊，作者用了委婉的"倒下去"，但是我们知道山羊在静静地死去。

"我们把羊运走吧，离开这草滩。"明子对父亲说。

父亲摇了摇头："来不及了。它们会全部死在船上的。"

又一个夜晚。月色还是那么好。羊群还是那样恬静。面对死亡，这群羊表现出了可贵的节制。它们在苦楝树下，平心静气地去接受着随时都可能再也见不到的月亮。它们没有闭上眼睛，而用残存的生命观望着这即将见不到的夜色，聆听着万物的细语。它们似乎忘记了饥饿。天空是那样迷人，清风是那样凉爽，湖水的波浪声又是那样动听。它们全体都在静听大自然的呼吸。

"种不一样。"明子还记得那个船主的话。

深夜，明子醒来了。他走出窝棚往楝树下望去时，发现羊群不见了，只有那株苦楝树还那样挺在那儿。他立即回头叫父亲："羊没有了！"

父亲立即起来。

这时，他们隐隐约约地听到水声，掉过头去看时，只见大木船旁的水面上，有无数的白点在游动。他们立即跑过去看，只见羊全在水里。此刻，它们离岸已有二十米远。但脑袋全冲着岸边：他们本想离开草滩的，游出去一段路后，大概觉得不可能游过去，便只好又掉转头来。

它们游着，仿佛起了大风，水上有了白色的浪头。

明子和父亲默默地站立在水边，等着它们。

它们游动得极缓慢。有几只落后得很远。还有几只，随了风向和流向在朝旁边飘去。看来，它们已经在水上结束了生命。它们陆陆续续地爬上岸来。还有几只实在没力气了，不想再挣扎了。明子就走进水里，游到它们身旁，将它们一只一只地接回到岸上。它们水淋淋的，在夜风里

与前面船主的话相照应——天堂草固然高贵，明子家的羊也同样高贵。这些山羊美丽而有操持，它们宁可饿死，也不肯吃一口不该自己吃的草。

直打哆嗦。有几只支撑不住，跌倒了下来。

"还是把它们赶到苦楝树下吧。"父亲说。

明子去赶它们时，没有一只对抗的，都十分乖巧地往苦楝树下慢慢地走。

早晨，能够继续享受阳光的，只有二分之一了，其余的一半，都在拂晓前相继倒毙在草滩上。

父亲的脊梁仿佛一下子折断了，将背佝偻着，目光变得有点呆滞。

当天傍晚，这群羊又接受了一场暴风雨的洗礼。当时雷声隆隆，大雨滂沱，风从远处芦滩上横扫过来，把几株苦楝树吹弯了腰，仿佛一把巨手按住了它们的脑袋。草被一次又一次地压趴。小蓝花在风中不住地摇晃和打战。羊群紧紧聚拢在一起，抵挡着暴风雨的袭击。

透过雨幕，明子见到又是几只羊倒下了，那情形像石灰墙被雨水浸坏了，那石灰一大块一大块地剥落下来。

明子和父亲不再焦躁，也不再悲伤。

雨后的草滩更是绿汪汪的一片，新鲜至极。草叶和蓝花上都坠着晶莹的水珠。草滩上的空气湿润而清新。晚上，满天星斗，月亮更亮更纯净。

明子和父亲已放弃了努力，也不再抱任何希望。他们在静静地等待结局。

两天后，当夕阳沉坠在草滩尽头时，除了黑点还站立在楝树下，整个羊群都倒了下去。草滩上，是一大片安静而神圣的白色。

当明子看到羊死亡的姿态时，他再次想起船主的话："种不一样。"这群山羊死去的姿态，没有一只让人觉得难看的。它们或侧卧着，或曲着前腿伏着，温柔，安静，

短短一昼夜，父亲从原先的欣喜到疑惑，再到愤怒。而现在的父亲，已然绝望。在巨大的打击下，他一下子苍老了。

景色的美丽而纯净，渲染了一种宁静忧伤的氛围。

没有苦痛，像是在做一场梦。

夕阳的余晖，在它们身上撒了一层玫瑰红色。

苦楝树的树冠茂盛地扩展着，仿佛要给脚下那些死去的生灵造一个华盖。

几枝小蓝花，在几只羊的身边无声无息地开放着。它使这种死亡变得忧伤而圣洁。

无以复加的静寂。

唯一的声音，就是父亲的声音："不该自己吃的东西，自然就不能吃，也不肯吃。这些畜生也许是有理的。"

夕阳越发地大，也越发地红。它庄严地停在地面上。

苦楝树下的黑点，站在夕阳里，并且头冲夕阳，像一尊雕像。

明子小心翼翼地走过死亡的羊群，一直走到黑点身边。他伸出手去，想抚摸一下它。当他的手一碰到它时，它就倒下了。

明子低垂下脑袋……

二十

当教堂的钟声再度响起时，明子感到一种震惊。如同雷击一般，他从椅子上弹起。他感到慌张和不安。四下里张望，可不知为什么而张望。他下意识地将手伸进口袋。当手指告诉他那口袋里是人家的一千块钱定金时，羞耻感一下子占满了他的心。

作者笔下山羊死去的姿态温柔安静，不论是夕阳余晖，还是苦楝树华盖，抑或是蓝花的开放，仿佛都在默默地为它们致哀。

"不该自己吃的东西，自然就不能吃，也不肯吃。"父亲醒悟到了，这句从羊身上悟出来的话，朴实的背后却是极为深刻的人生教训。当时的明子恐怕未必能够理解，他还需要经历一些生活的磨炼。

教堂钟声中的回忆，让明子幡然醒悟。插叙部分看似写山羊，实则写的是明子的成长故事。明子是机灵、善良的，但前文中，他一直像一个小孩子。他还没有经历过考验，没有真正分辨是非的能力。因此他虽然有进步，还算不上真正意义上的"长大成人"。而到了这里，明子经历了心理斗争，"是非善恶"的界限逐渐明朗。这对他的成长而言，可谓是迈出了重要的一步。

他望了一眼深邃的教堂大门，掉转身奔向公共汽车站。

他急切地想走到那座新盖起的大楼跟前，急切地想见到那个中年妇女以及她的邻居们。他想挽救并证明自己的灵魂。

然而情况非常糟糕，他找不到那座楼了。那天他是坐中年妇女的自行车去的，谈完生意，拿了定金，他心情有点慌张，也就没问明地址，糊里糊涂地走到了街上。他记得是穿过一条胡同之后见到那座楼的。但现在明子看到通往这街的胡同有若干条。他试了两条，并走得很深很深，但均不见那座新楼。第三条胡同，他只走了一小半，便失去了信心。他的直觉告诉他，那天，他没有走过这条胡同。他在大街走着，见到胡同，就站在口上，向里眺望。这些胡同总是很深，并且总是在视力将要够不到的地方弯曲起来，从而使明子根本不可能一望到底。他又下定决心（半途中已明知不是）走了一条胡同。

明子茫然地站在大街上。

天空下，那群羊在一只一只地倒下去。

明子立即又发动疲惫的双腿，走进另一条胡同。

天黑时，明子依然没有找到那座新楼。他瘫坐在胡同口。他困乏极了，靠在墙上，闭起双眼打起盹来。路灯光照着他疲倦的面庞。

天空下，那群羊在一只一只地倒下去。

明子惊醒，立即起来。他的腿冻麻了，慢慢活动了一阵之后，才以正常的步子往前走。他在昏暗的胡同里往前摸索。他能不断地看到胡同两侧人家的温暖灯光。正是

亦真亦幻背后，是现实与过去的交织；是明子摆脱欲望，回归正途的努力。

重复的出现，像一个沉重的鼓点督促着明子。

晚饭时间，各种好闻的菜肴气味不时地钻进他的鼻子。然而，他只能又冷又饿地走着。

走到半夜时，明子终于再也走不动了。他想赶回小窝棚，可是街上已没有汽车。他就在一户人家的门口坐下来。迷迷糊糊之中，有人拍着他的肩头。他醒来时，只见院门打开着，有一个中年男人站在他身旁。他像一只于晚间停在途中一户人家屋脊上的远飞的鸽子忽然受了惊动，本能地朝一边躲闪着。

那中年男人很和气："你怎么啦？生病了吗？"

明子摇摇头。

"那你怎么坐在这儿呢？外面天多冷！"

"……"

"没有住处？"

"……"

"这儿可不能坐。坐到天亮准会生病的。"

明子支撑起身体，准备离开这里。

"你往哪儿去？"

"……"

"天这么晚了，你还能往哪儿去？"

明子呆呆地站着。

那位中年男人犹豫了一阵："你先进我们家暖和一阵好吗？看我能不能帮助你？"

明子摇摇头，抬腿要走。

"你不要走，跟我进屋去。"中年男人拉住他，并朝屋里叫道："素英，你出来一下。"

叫素英的女主人走出屋子，定了定神问："是谁呀？"

> 这段对话里，明子只有简单的摇摇头，几乎没有说话，可能是他过于疲惫，又冻又饿，没有力气，更内在的原因是他敏感而骄傲，他无法面对那个差点逃跑的自己，不愿意跟陌生人过多交流。

"不认识，坐在我们家院门口睡着了。"

"哎哟！那怎么行呀。"女主人连忙过去，"让他快到我们屋里来。"

明子被两位好心的主人劝到了屋里。他呆呆地坐在椅子上。当女主人端上一碗热气腾腾的面条一个劲地让他吃时，他的泪水挡不住地流出来，并一边哭一边把事情的前前后后告诉了两位主人。

两位主人安慰明子："总能找到那座新楼的。"

明子说："应该今天早晨来干活的。"

男主人说："你不是不想找，而是找不着。我们来给你证明。"

明子心里充满感激。

明子在这个人家住了一夜，第二天又找了一个上午那座新楼，仍未找着，只好回窝棚去。他要把事情立即告诉三和尚和黑罐。可是，还未等他踏进窝棚，就被等在这里的公安局的人带走了。

三和尚和黑罐在后面跟着。他们不知道明子犯了什么法，又惊慌又担忧。

明子反而很平静，很顺从地上了公安局的吉普车。当车开动，他回头见到三和尚和黑罐站在路边时，才哇的一声哭起来。

新楼的那几户人家等了明子他们一天，见未等着，忽然起了疑心，互相说出疑问后，越发觉得受骗了，就报了案。公安局派人到木匠们等活的地方去打听明子的住处，鸭子正在场，以为是约活，就把明子他们的窝棚所在地详详细细地指点出来。公安局的人很容易就找到了这里。

明子毕竟还是少年，当他面对陌生人的温暖时，他并没有太强的抵御能力，他一边哭一边讲述事情的原委。

明子没有反抗，因为他知道自己做错了事情，但是当车开动，面对不可知的惩罚，他又痛又悔，看到师傅和黑罐站在路边，忍不住大哭。

明子被抓起来后，先是搜身，搜出了那一千块钱定金，紧接着就是审讯。

明子说什么也不回答问题。他怎么回答呢？说没有起贼心？那为什么拿了钱就踪影不见？说是找不着那座楼了，又有谁能相信？

审不出结果来，只好把明子先关起来。

这里，三和尚和黑罐很焦愁，几次去公安局打听明子的情况，都被拒之门外。三和尚无心干活，整天喝酒。喝醉了，他就用拳头砸胸口，一个劲地责备自己："我算什么师傅！我把两个孩子带坏了！我有罪过啊！……"

黑罐想起自己过去那件丑事，不禁将头低下去。

三和尚陷在深深的自责里。半夜里，酒劲过去，脑子变得清醒时，他更加觉得自己不可原谅。他认为自己这个师傅做得很不地道，太缺师傅应有的风范，竟然给了两个孩子那么多坏的东西。他恨起自己来：你这个人怎么竟变成这样了呢？他觉得自己是个小人，是个无赖。他甚至觉得李秋云瞧不起他，也是活该！万一这明子真的被判为有罪，他将如何向明子的家人交代？又将怎样向自己的良心交代？三和尚懊悔得真恨不能揪扯自己的头发，无奈无头发可以揪扯，便只好连连地去捶击胸脯，直把胸脯捶得红一块白一块的。

黑罐就发呆，要么就无声地哭。

被关着的明子倒也不害怕，也不伤感。他坐在空无一物的小屋里，面对光光的墙壁，脑子里一忽儿空空洞洞的，一忽儿冷静得可怕地反省自己：虽说当天就去找那座新楼，可也差一点带着那一千块钱跑了呀——你不就是这样打算的吗？你虽然后来放弃了那个可耻的念头，可是你

明子的沉默，是因为他不愿意撒谎为自己开脱，他的确想要改正，但是又害怕不能取信于人。

三和尚是一个有责任心的师傅，他将明子走入歧途的责任往自己身上揽。他的忏悔，让我们看到了他的真心。
在整个小说中，三和尚这个人物形象刻画得有血有肉。一面是一个贪财的、酗酒的师傅，一面又是一个爱徒弟的、会反省的师傅。多面叠加，充分考虑了人物的复杂性。

不容抵赖——你确实起过贼心！

　　一周后，公安局却把明子放了。使明子不解的是，公安局的人在给明子清楚地指出那座新楼的方位后说，那几户人家希望明子和师傅师兄早点去封那些阳台，人家在诚心诚意地等着。两天后，明子才明白：那个中年男人在明子走后，有了空，就骑了自行车转悠，终于找到了那座楼，并敲开505室，把明子如何寻找这座楼的情景向那中年妇女描绘了一番，使中年妇女以及得知情况的其他住户，心中感到十分愧疚，连忙集体去了公安局，要求释放明子。

　　对于这一切，明子永远不会忘却。

　　明子重回窝棚后，三和尚对他异常亲切和体贴。三和尚变得性情温和，并有长者的风度和朋友的平易。使明子不明白的是，打他回来后，每天的晚饭，三和尚总要为他做一道菜：红烧猪尾巴或白烧猪尾巴然后蘸酱油。猪尾巴烧烂了，带点黏性，不腻，十分好吃，明子总也吃不够。三和尚见他不厌，总是千方百计地去将它买到。**黑罐告诉明子，这是很灵的偏方，是治尿床的，要连着吃三七二十一天。明子心里明白了，很感动。他装着不知三和尚的用意，每天晚上，总是有滋有味并且很认真地去吃猪尾巴。他渴望告别那个让他一想起来就感到羞耻和抑郁的毛病，渴望着自己的身体不要负了三和尚的一片好心。**他必须战胜它，他必须跨入一个新的生命阶段，他应该成人了。

尿床是明子一直以来难于启齿的毛病，也是他的自卑之源。在明子的内心跨过"大是大非"判断的门槛后，与之相应的身体缺陷，也要及时调整——这样才能更好地成长。作者安排这些小细节，可谓煞费苦心，也能看出作者对成长的态度：成长是一种身心的蜕变，是一段不断克服自己的缺点，走向完美的旅程。

二十一

又是一个春天。

这年的春天来得很有声势，几乎没有一个寒意料峭的初春，冰解雪融之后，就是一个暖融融的阳春。太阳总是很有精神，很有活力，仿佛它一下子年轻了许多。它在天上流动着，把空气晒暖，把一切都唤醒。枯褐色的冬季，没有几天，便消逝了，代之而起的是鲜活鲜活的、新嫩新嫩的绿。一切都在生发着、膨胀着。生命、欲望、肉体和灵魂，都因这大好的光芒而不安地生长和发达。天空一天一天地高阔起来，空气一天一天地澄明起来，大地一天一天地湿润和活泛起来。

春天是神圣的、伟大的，让人顶礼膜拜的，尤其要被那些曾在寒冬中被厄运所缠，曾足够地领略到严寒之痛苦的人所青睐和崇拜。

当那轮金色的天体从橙红的霞光中高贵地升上天幕时，当它庄严地在天穹下由东向西运行直至在西天撒满安静的红光时，人们无论对它如何歌颂和赞美，都是不过分的。

春天使人的双眸发亮，春天使人的心情朗然，春天使人仿佛一下子长高并成熟了许多。

在这样的季节里，明子从早到晚感到兴奋和愉悦。脱去冬衣之后，他仿佛一匹卸掉轭头的马一样，觉到了一种不可言说的轻松和自由。最近一段时间，生意也很好，收入不错。明子买了一些换季的衣服。人凭衣服马靠鞍，加

> 文章时令的变换特别有趣。在明子三人陷入困境或是遇到考验的时候，是肃杀的冬季；明子和紫薇交往密切的时候，则是骄阳如火的夏天；当希望来临，迎接明子的是万物复苏的春日。季节和情节的完美对应，也是作者的匠心之处。

之一副好心情，明子有了潇洒的派头。他不再觉得身体的单薄与虚弱，而觉得肉体在一点一点地生长着力量。他有了一种雄壮感和结实感。

三和尚和黑罐都一口咬定："明子，你长个了，长了半头。"

明子也发现了这一点，因为他的衣服和裤子都短了一截。

最使明子欣喜若狂的是，他不再尿床了。也许是那些猪尾巴的作用，也许是他长大了，反正现在不尿床了。他不再像从前那样昏睡不醒。夜里，他知道醒来了。他对身体已不再无可奈何，他能感觉并能把握它。他越来越能成为自己的主人了。尿床——这一与生俱来的毛病，一直纠缠着他的童年和少年。它使他有过深刻的羞耻感。现在，他终于与它诀别了。

明子要感谢三和尚，感谢猪尾巴，感谢自己那份转折了的生命。

一切向明子呈现的，都是好兆头。

明子现在是一个干净的、健康的、乐观的和一心向上的男孩。

夏日将近的一天晚上，三和尚慷慨解囊，请明子和黑罐在一家很不错的酒店吃了一顿饭。**回到窝棚后，三和尚点亮了四五支蜡烛，把小窝棚照得很明亮。接着，他从门外搬进来一个很大的木头墩。他把一把锋利的斧头稳稳地放在木头墩上，对明子和黑罐说："我不想再留你们。各人有各人的前程。但谁能出师，总得有个说法。你们瞧见了，这是一个木头墩，还有一把斧头。你们每人砍三斧头，谁能三斧头皆砍在一个印迹里，谁就可以离开我。"**

"转折了的生命"意味深长。明子克服了尿床的毛病，笼罩在心中的最后一丝阴霾也终于烟消云散。现在的明子，已经是一个乐观阳光的大男孩。经历了这一切，明子无论是身体和内心都获得了蜕变。当然，成长也意味"独立"。"成为自己的主人"的明子，不可能一辈子都在三和尚的羽翼荫蔽中。有朝一日，他会离开三和尚，靠自己的手去掌控自己的命运。

出师也是需要仪式的，三和尚点亮了四五支蜡烛，表示对这件事情的重视。

他看了看明子和黑罐，"听明白了？"

明子和黑罐点了点头。

烛光静静地照着。

三人沉默着，脸上的表情很严肃很认真，仿佛有人要进天堂或要进地狱，仿佛面对着世界上的一个最重要的时刻。

三和尚再一次看了明子和黑罐一眼。

明子和黑罐互相对望了一阵，又把目光挪开去望那把斧头和木头墩。

"谁先来？"三和尚问。

"黑罐先来吧。"明子说。

三和尚说："明子懂规矩。黑罐大，理应让他先来。"

黑罐走近木头墩，手微微颤抖地抓起了斧头。

三和尚掉过头去，噗噗几口，将所有蜡烛吹灭。他见黑罐半天没有动静，便叫道："砍呀！"

黑暗里终于响起咚的一声，又一声，再一声。

三和尚又重新点亮蜡烛。

烛光下的木头墩上，是三道清晰的斧痕。

黑罐把斧子搁下，垂头丧气地站到了一边。

三和尚把木头墩掉了一个头，又把斧头稳稳地放在上面。一切停当之后，他看着明子，但不说话。

明子走上前去，一把操起斧头。

三和尚又看了明子一眼。

明子稳稳地站着，只是一脸的平静，没有半点其他表情。

三和尚噗噗几口，又将蜡烛吹灭。

黑罐按照师傅的指令，连砍三斧头，留下三道清晰的斧痕。黑罐的"垂头丧气"说明他对出师抱有希冀，他也希望自己有一天能够独立。

小窝棚里满是蜡烛油的气味。

小窝棚里绝对黑暗。只有三个人的喘息声，再无其他声响。

"砍呀。"三和尚催促道。

明子没有反应。

三和尚又等了一会儿，见仍无动静，便欲要大声地喊"砍"，然而这"砍"字刚吐出一半，只听见"咚，咚，咚"连着发出三声斧头砍击木头墩的声音。那声音的节奏告诉人，砍者动作极其坚决，毫不犹豫。

三和尚将所有蜡烛又点亮。

烛光下，光光的木头墩上只有一道有力的斧痕。

明子把斧子靠在木头墩上，退到一旁。

三和尚看着明子好半天，然后说道："你可以走了。"他坐到床上去，点起一支烟，朝明子说道，"你只砍了一斧头。"

黑罐忽地抬起头来。

明子很镇定地站着。

三和尚说："还有两声，是你用斧背敲击木头墩发出的。世界上，手艺再绝的木匠，也不能在黑暗里把三斧头砍在同一道印迹里。因为那是根本不可能的。"

烛光里，明子眼睛最亮。

三和尚对明子和黑罐倾吐了一番肺腑之言，那也是他半辈子的人生经验："认真想起来，这个世界不太好，可也不太坏。在这个世界上活着，人就不能太老实了，可又不能太无心肝。"他专门对着明子说，"这个道理，黑罐不懂，你懂。但这分寸怎么掌握着，全靠你自己了。我只把手艺教给了你，但没有把这分寸教给你，这是我做师

声音透露出明子的坚决，其实可能在黑罐砍击木墩的过程中，明子早已思虑清楚，成竹在胸。

作为一个师傅，三和尚可谓尽心。他也明白，自己不仅要传授明子手艺，还要对他的成长负责。其实测试并不特别重要，三和尚对明子的能力和性格了然于心。他相信明子的机灵，也将明子逐渐能够辨明"善恶是非"的成长看在眼里。他的一席话，正是明子来到城市所有经历的一个总结，也是一位师傅发自内心的告诫：把握分寸，活出人样。

傅的罪过。"他充满深情和信赖地看了明子一眼说，"天不早了，你们俩睡觉吧。明子明天走时，带上我的那套家伙。就算是你师傅的一片情意吧。"说完，他整了整假发，走出了窝棚。

这里，明子和黑罐几乎说了一夜话。

第二天，三和尚从她那儿回到小窝棚时，明子已经收拾好东西。

"不留你了。"三和尚说。

明子背起家伙，看了看这小窝棚，走出门去。

三和尚和黑罐来给他送行。

"你有什么要说的？"三和尚问明子。

明子说："就是黑罐……"

三和尚说："你放心。他出不了师，我绝不撵他走。有我一碗饭，就有他半碗饭。"

明子想不哭的，可还是让泪幕蒙住了眼睛："过去，总让您生气，您就原谅我吧。"

三和尚说："不说这些了。要说不是，是我不是。我本可做出一个好师傅的样子来的，可这几年心里总是很糟，人也变得恶了一些……"

明子说："我该向她说一声的。"

"我代你说了。"三和尚说，"有件事，我跟你说，我同意跟李秋云离婚了。"

"……"明子不吃惊。

"她愿意跟着我，跟我回小豆村。"

"她是个好人。"明子说，"千万代我向她问声好。"

"我会的。"三和尚说。

> 明子在临行之前，也总是惦记着黑罐。可见两人的情谊之深。

> 对三和尚而言，这一程又何尝不是成长呢？三和尚反省了自己这些年来的行为，也走出了对李秋云的执念。

又送了一程，三和尚拉住黑罐的手对明子说："不送了。"

"回去吧。"明子说。

三和尚和黑罐站着不动。

"回去吧。"明子说。

三和尚掉转身去，可未能启步，又掉转头来对明子说："记住，人活着，要活得像个人样子！"

明子点了点头。

三和尚拉着黑罐，掉头就走。

明子一直等三和尚和黑罐消失在大楼拐角处，才擦去泪水，转身往大街上走。

路过那片楼群时，明子远远又看到了那辆轮椅。他不由得加快了步伐，走上前去。

轮椅上坐着紫薇。她穿着一件洁白的薄毛衣，坐在明亮的阳光下。她的眼中又含了那份忧郁。

明子吃惊地望着她的腿。

"好久不见了。"她说，"明子，你好吗？"

"好，很好。"明子答道，仍然望着她的腿。

她微微有点悲伤地告诉他，两个月前，她又高热不醒一个星期，醒来后，便又恢复到从前的状态里。

"他呢？"

"走了，出国了。"她问明子，"你上哪儿去？"

明子说："我出师了，要离开这里了。"

"祝贺你！"紫薇说。

"谢谢。"明子说。

明子和紫薇之间似乎无太多的话可说。待了一会儿，明子说："我该走了。"

虽然在一起的时候，明子经常和师傅较劲，但是离开的时候，明子心中有很多不舍。

紫薇再次回到从前的状态，徐达也已经出国，忧郁重新笼罩了她的生活。明子有一段时间刻意绕开那片楼群，此刻从此经过，也是为了告别。

对紫薇的情感，先前的明子从悸动走向爱慕，再到念念不忘甚至报复——而现在的明子是真正放下了。懂得放下，也是他成长的一个表现。

“嗯。”

明子走了几步，回过头来对紫薇说：“不要紧的，你还会站起来的。”

紫薇把头点了点，向他摇着手。

明子大踏步走向大街，因为鸭子在那儿等着他。

鸭子一见到明子，连忙跑过来。

明子卸下肩上的家伙，放到了鸭子的肩上："走吧。"然后自己空手走在前面。

鸭子紧紧地跟在明子屁股后头。

"鸟呢？"明子问。

"放了。竿也撅了。"

"应该把它放了。"明子说，"跟着我。"

"我们往哪儿走？"鸭子疑惑地问。

"往哪儿走？"明子突然感到一阵困惑，停住了脚步。他茫然四顾，心一阵慌张。但他很快镇定下来，对鸭子说，"你只管跟着我。"他坚定地朝前走去，但不太清楚自己究竟要走向何方。

那时天空的太阳，已是初夏的太阳。

1991年深秋于北京大学中关园505楼

▶ 明子不仅仅决定活出"人样子"，而且很快有了师傅的样子，他让鸭子背着工具，跟在后面。明子学好了手艺，顺利出师，并有了大人的责任感，要带好鸭子。

▶ 初夏的太阳充满能量，昭示着明子的人生进入新的阶段。及时停笔，留下一个开放式的结尾。略显茫然的两个人，未来会怎样呢？有风雨，也有晴天，也会有彩虹，任由读者自己去想象。

讨 论

▼

> 1 <

明子为什么不跟三和尚提起他接了一个大活？

明子接到一个大活，一共有六户人家要封阳台，收定金整整一千元。明子应在当天晚上把这一消息告诉三和尚和黑罐，但他却一字未提。在明子心中，似乎有一个重大的"阴谋"在欲望驱使下生成。第二天早晨，三和尚问明子，他依然回答没有等到。在沉重的现实压力下，明子想要铤而走险，拿着定金逃跑，但是他的良知告诉他，这么做很缺德，冬泳人的无所畏惧坚定了明子携钱逃跑的念头，但是五更天时他又开始动摇。教堂的神圣使得明子变得肃穆，教堂的钟声使他想起那些宁死不吃天堂草的山羊。

> 2 <

山羊为什么不吃天堂草？

父子俩日夜兼程，将羊带向草滩。羊们已饿了几天了，但它们固守在水边，不肯向草滩深入一步。"天堂草"长得很干净，茎的顶部开花，有着很高雅的蓝色，花有香味，香得不俗，却不见有一只羊低下头来吃这草。饥饿的羊群，在皎洁的月光下静静地死去，面对死亡，这群羊表现出了可贵的节制。这是全书最有诗意、最浓墨重彩的一章，那些安静地死去的山羊带给读者强烈的震撼。作者一方面赞美山羊精神，小说中父亲那句话可谓点睛之笔："不该自己吃的东西，自然就不能吃，也不肯吃。这些畜生也许是有理的。" 这群山羊生得高贵，也死得高贵。另一方面，作者也对山羊的饿死使得贫困的家庭雪上加霜报以深深的同情。

＞ 3 ＜

明子出师，带着鸭子上路了，你觉得他们的未来如何？

明子出师了，不仅仅决定活出"人样子"，而且很快有了师傅的样子：他卸下肩上的家伙，放到了鸭子的肩上，自己空手走在前面。鸭子紧紧地跟在明子屁股后头……明子坚定地朝前走去，但不太清楚自己究竟要走向何方。那时，天空的太阳已是初夏的太阳。明子学好了手艺，顺利出师，并有了大人的责任感，要带好鸭子。初夏的太阳充满能量，昭示着他们的人生进入新的阶段。鼓励同学们畅所欲言，言之成理即可。

后　记

　　评点是经典的批评方式，如金圣叹评点《水浒传》，脂砚斋评点《红楼梦》，毛宗岗评点《三国演义》，李卓吾评点《西游记》。大师们树立了评点这一批评方法的范式，让我们看到读者与作者之间的灵魂碰撞，惺惺相惜，明白世间有一种很珍贵的情谊叫"懂得"。同时他们的评点也能够帮助其他读者更好地走进作品，进一步品味小说的艺术，为那些"微妙"击节赞赏，学习写作的技法。

　　写这套书是向那些遥远的前辈致敬，更是向我的导师学习。我人生中最幸运的事情之一就是考上北大，成为曹文轩老师的学生。曹老师不仅天资聪颖、才华出众，就连勤奋程度都令我汗颜。我曾经帮助曹老师整理手稿，上面那些密密麻麻又工整清秀的批注随处可见。一篇作品从故事的孕育，到具体的修辞方式、语言表达，甚至标点符号都一再被修改、调整。他还会随身携带一个本子，不论是在机场、车站，还是会议间隙，只要有灵感，都会写下来。而那些句子、词语，一有合适的时机会重新在他笔下茁壮成长。很多人羡慕曹老师著作等身，却不知他是把整个生命都投入到创作中的。

　　点评《油麻地》《大麦地》《菊坡》《稻香渡》《小豆村》这五本书，是个难得的机会，我能够重读这些珍爱的书，在阅读过程中沉静下来，细细揣摩文字的妙处，修辞的精准，布局的用心。这是一个愉快的对话过程，与作品对话，与作者对话，与读者对话，尝试同小朋友一起跟作者学习写作。

　　世事向来不乏困苦艰辛，人生难免惆怅失落，但我一直对命运心存感激：能够在最好的年龄，在燕园学习，遇到杰出的老师；博士毕业后，又能到北师大教书，遇到优秀的学生。我在"中国儿童文学研读"课程上，曾经不止一次讲授过曹老师的作品，那些研讨、争论，都深深地影响了我，刷新着我对作品的认知，对儿童文学的认知。在此，我要感谢北京师范大学儿童文学硕士生洪斌、谢喆、张钰雪，本科生周稚芸、施舒婷、卢思敏等同学，谢谢你们的陪伴，读书会上的切磋让我真切领略"教学相长"的含义。你们也为这套书，贡献了切实的建议与精彩的点评，谢谢你们。

为了让读者更好地理解曹老师的作品，我同时在直播间开设了相关课程，课程二维码附在书的封底，可以扫码收听。希望这套书能够帮助大家，深入小说的细部，探讨艺术的微妙，并且了解这些妙处是如何形成的，对我们的写作有何借鉴意义。简单说，我们不仅关注书里讲了一个怎样的故事，而且关心曹老师"如何讲故事"。希望大家与书为伴，从中获得快乐、智慧与勇气。

孙海燕

2020年7月于北师大主楼办公室